UNIVERSITÉ DE FRANCE — FACULTÉ DE DROIT DE LYON

DROIT ROMAIN

DES CORPORATIONS A ROME

DROIT FRANÇAIS

DES SOCIÉTÉS COOPÉRATIVES

THÈSE POUR LE DOCTORAT

Soutenue devant la Faculté de droit de Lyon

Le Samedi 22 Mai 1886

PAR

M. Marcel DUSEIGNEUR

LYON

ASSOCIATION TYPOGRAPHIQUE

F. PLAN, rue de la Barre, 12.

1886

THÈSE
POUR LE DOCTORAT

4209

FACULTÉ DE DROIT DE LYON

MM. Caillemer ✻, doyen, professeur de droit civil ;

    Mabire, professeur de droit civil ;

    Garraud, professeur de droit criminel ;

    Appleton, professeur de droit romain ;

    Flurer, professeur de droit civil ;

    Thaller, professeur de droit commercial ;

    Rougier, professeur d'économie politique ;

    Enou, professeur de droit administratif ;

    Audibert, professeur de droit romain ;

    Cohendy, professeur de procédure civile ;

    Leseur, agrégé, chargé du cours d'histoire générale du droit français ;

    Sauzet, agrégé, chargé du cours de droit international privé ;

    Berthélemy, agrégé, chargé du cours d'histoire interne du droit civil français (doctorat) ;

    Becq, secrétaire ;

    Destié, sous-bibliothécaire.

JURY DE LA THÈSE

Président : M. Thaller, professeur.

Suffragants : M. Rougier, professeur ;

    —   M. Audibert, professeur ;

    —   M. Sauzet, agrégé.

UNIVERSITÉ DE FRANCE — FACULTÉ DE DROIT DE LYON

DROIT ROMAIN

DES CORPORATIONS A ROME

DROIT FRANÇAIS

DES SOCIÉTÉS COOPÉRATIVES

THÈSE POUR LE DOCTORAT

Soutenue devant la Faculté de droit de Lyon

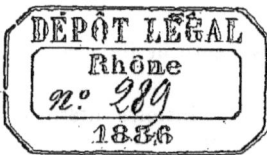

Le Samedi 22 Mai 1886

PAR

M. Marcel DUSEIGNEUR

——>>>✳<<<——

LYON

ASSOCIATION TYPOGRAPHIQUE

F. PLAN, rue de la Barre, 12.

—

1886

Ⓒ

DROIT ROMAIN

BIBLIOGRAPHIE

LEVASSEUR. — Histoire des classes ouvrières en France depuis
la conquête de J. César jusqu'à la Révolution.

WALLON. — Histoire de l'Esclavage dans l'Antiquité.

BOISSIER. — La Religion romaine d'Auguste aux Antonins.

MOMMSEN. — *De collegiis et sodaliciis.*

SERRIGNY. — Droit public et administratif.

A. MAYNZ. — Cours de Droit romain.

DE SAVIGNY. — Traité de Droit romain (2e vol.).

DAREMBERT et SAGLIO. — Dictionnaire des Antiquités.

MARQUARDT. — *Romische Staatsverwaltung* (3e vol.).

C. GIDE. — Du droit d'association en matière religieuse (Thèse
pour le doctorat).

DAIN. — Du droit d'association en droit romain (Thèse pour le
doctorat).

GÉRARD. — Des Corporations ouvrières à Rome (Thèse pour le
doctorat).

SAUSAS. — *De collegiis opificum* (Thèse pour le doctorat).

M. BOTTON. — Des Collèges d'artisans en droit romain (Thèse
pour le doctorat).

DRIOUX. — Étude économique et juridique sur les Associations.

Revue critique d'histoire et de législation. — L'art de bâtir chez
les Romains, de M. Choisy, analysé par M. Caillemer
(15, p. 355).

Revue archéologique. — Étude sur quelques collèges funéraires,
par G. Boissier (1872, p. 81).

Journal de l'Instruction publique. — Mesures légales prises sous
la République à l'égard des collèges et sodalités (1861,
p. 129), par Belin de Launay.

Revue épigraphique du midi de la France, principalement :
nos 25, p. 385 ; 31, p. 67 ; 32, p. 92.

DE BOISSIEU. — Inscriptions de Lyon.

ORELLI et HENZEN. — *Inscriptiones latinæ.*

CORPUS. — Insc. latin.

DROIT ROMAIN

DES CORPORATIONS A ROME

INTRODUCTION

―――

Une étude sur les corporations d'artisans à Rome comporterait des développements suffisants pour que l'on pût en faire l'unique objet de ses recherches. Mais, tandis qu'aujourd'hui, on peut s'occuper des associations ouvrières sans sortir du domaine économique et juridique, l'histoire des collèges d'artisans chez les Romains est si intimement liée à la vie politique et religieuse de ce peuple, que l'on est entraîné à étendre les limites de son sujet. On en vient à y faire entrer l'examen de corporations qui présentent un caractère exclusivement religieux et politique, et ceci est nécessaire, sous peine d'être incomplet ou obscur.

La ligne de démarcation qui sépare les diverses espèces de collèges à Rome est parfois si difficile à tracer que l'on doit se garder des classifications trop absolues. Il s'est, en effet, souvent produit dans tel ou tel type des transformations qui en ont beaucoup changé le caractère primitif. Ce sont ces modifications successives qu'il faut suivre à travers l'histoire romaine, notant le rôle que jouent dans la cité les différentes corporations, la façon dont l'autorité se comporte à leur égard, la place qui leur est faite dans les institutions juridiques.

A ce dernier point de vue, il faut tout d'abord observer que si la personnalité civile fut un jour accordée aux collèges, si ces derniers devinrent des individualités distinctes, de véritables sujets du droit, ce progrès, qui suppose la conception de l'idée abstraite de personnalité juridique, ne se réalisa qu'assez tard. Et ceci est surtout vrai si l'on songe que nous traitons seulement des personnes civiles dont la création est tout artificielle, par opposition à celles dont l'existence est nécessaire, telles que l'État ou les municipes.

Nous diviserons ce travail en deux parties : dans la première, que nous appellerons historique, bien que des considérations d'ordre divers doivent y trouver place, nous suivrons le développement des collèges durant les diverses périodes de l'histoire de Rome. Dans la seconde, nous examinerons les traits principaux de leur constitution interne, de leur capacité juridique, les règles essentielles de leur naissance, de leur existence et de leur fin.

PREMIÈRE PARTIE

—

HISTOIRE DES CORPORATIONS A ROME

——

Deux périodes peuvent être nettement distinguées dans cette première partie : l'une qui va de l'origine de Rome à l'empire ; l'autre qui comprend les quatre siècles suivants. Elles se caractérisent par deux principes opposés : liberté pour la première, réglementation toujours plus rigoureuse pour la seconde ; le passage de l'un à l'autre de ces régimes se fit, d'ailleurs, graduellement et par suite d'une évolution très intéressante. Le pouvoir, indifférent d'abord au développement des corporations, les laisse vivre à peu près librement ; bientôt contraint de réprimer des abus dangereux, il les soumet à la nécessité d'une autorisation ; puis, dans un but politique, il veille au maintien de certains collèges dont les services sont essentiels à l'État, assure leur recrutement, enchaîne ceux qui en font partie à la profession qu'ils exercent, espérant, par cette réglementation tyrannique, arrêter la décadence de Rome.

Chapitre I

DES COLLÈGES SOUS LA ROYAUTÉ ET LA RÉPUBLIQUE

§ 1er. **Loi des XII tables et liberté du droit d'association.** — Le droit d'association fut sans doute librement exercé sous les premiers rois, restreint peut-être sous le règne despotique de Tarquin le Superbe, mais il fut consacré par la loi des XII tables ainsi que le rapporte la loi 4 au Digeste, 47, 22 : « Sodales sunt qui ejusdem collegii sunt ; quam graeci εταιριαν vocant. Illis autem potestatem facit lex, pactionem quam velint sibi ferre, dum ne quid ex publica lege corrumpant. »

Gaius, dans la suite du même texte, estime que cette disposition de la loi des XII tables fut empruntée à la législation de Solon. Faut-il suivre sur ce point l'opinion du juriconsulte romain, ou ne faut-il voir qu'une analogie fortuite et d'ailleurs facilement explicable entre les lois des deux peuples, peu importe, car les décemvirs n'auraient pas établi ce principe fondamental, s'il n'avait été justifié par l'état politique et social de la cité à cette époque. Or, l'expérience avait déjà démontré qu'il n'y avait nul danger au libre exercice du droit d'association.

Quels étaient, en effet, au moment où nous nous plaçons, les diverses espèces de collèges ?

§ 2. — **Grands corps sacerdotaux et collèges religieux officiels.** — Tout d'abord les grands corps sacerdotaux (maxima ou amplissima collegia) des *Pontifes*, des

Quindécemvirs SF, des *Augures,* des *Féciaux,* puis, plus tard, des *Septemviri epulones.* — Ils ont un caractère officiel et ne rentrent qu'accessoirement dans le cadre de cette étude.

A côté de ces collèges principaux très connus il existait ce que l'on peut appeler des *sodalitates* (1) officielles, dont les origines se confondent avec celles de la cité même. C'est ainsi que selon Pline le naturaliste (*Hist. nat.* XVIII, 2. 2.) Romulus aurait organisé le collège des *Fratres Arvales,* chargés du culte de la divinité agricole nommée *dea dia ;* s'il est cité ici entre beaucoup d'autres, c'est non à cause de son importance, mais parce qu'il est des mieux connus; les nombreux documents que l'on possède sur son compte et qui ont été savamment analysés dans l'ouvrage de Marini (2) offrent de précieux renseignements sur l'ancienne religion romaine. Tels étaient encore les *Titii sodales* d'origine sabine, les *Luperci* chargés de célébrer la fête des *Lupercalia,* les *Salii* voués au culte de Mars, collèges de prêtres présentant encore un caractère officiel et qu'il ne faut pas confondre avec les corporations religieuses ou *sodalitates* libres.

Nous indiquons là une distinction extrêmement délicate entre les collèges formés de gens qui, pour une raison ou pour une autre, se consacraient libre-

---

(1) Bien que les termes de *collegium* et *sodalitas* soient souvent pris dans le même sens, le second est plutôt employé, à l'origine du moins, pour désigner des associations religieuses ; plus tard, il s'appliquera aux associations amicales, aux clubs sans caractère politique. Le mot de collège sera réservé aux grands corps sacerdotaux et aux associations d'artisans ; celui de *collegia sodalicia* aux clubs politiques.

(2) Actes et monuments des frères Arvales.

ment au service d'une divinité particulière, et ceux dont les fonctions et les rites étaient déterminés par l'État, chargé par contre de subvenir à leur entretien.

Les uns et les autres avaient, d'ailleurs, le droit de se recruter eux-mêmes par *cooptatio*. Ils géraient eux-mêmes leurs biens et appliquaient le règlement qu'ils s'étaient librement donné.

§ 3. **Sodalités privées.** — Si l'on veut trouver des corporations religieuses ayant véritablement un caractère privé, il faut remonter à celles qui, primitivement, supposaient l'existence de rapports de famille entre leurs membres. On peut, en effet, assurer que le lien qui reliait entre eux les individus composant à l'origine les collèges religieux n'était autre que celui de la *gentilitas*. Les membres d'une même famille ou d'une même *gens,* ceux, en un mot, que rapprochait une communauté d'origine, se réunissaient pour adorer la divinité protectrice, dont souvent ils se prétendaient descendus. Leur association était fermée pour tout étranger, parfois même elle arrivait à posséder seule le droit de rendre un culte au dieu qu'elle honorait.

Mais on sait que les liens étroits qui unissaient primitivement les *gentiles* se relâchèrent à tel point qu'il n'en restait plus que le souvenir au temps de Gaius. Il arriva souvent que l'État, désireux de voir se perpétuer les cultes ainsi menacés de disparition, complétait, en y introduisant des éléments nouveaux, les *sodalitates* exclusivement formées à l'origine par les membres des *gentes*. Parfois il opérait une sorte de fusion entre plusieurs *gentes*, et c'est ainsi que les *Luperci*, dont nous parlions plus haut, étaient formés de trois anciennes *gentes*, des *Fabiani*, des *Quinctiales* et des *Juliani* (1).

D'autres fois, il s'agissait de créer de toutes pièces un collège pour le service d'une divinité nouvelle; ainsi lorsque fut introduit à Rome le culte de la grande Déesse (204 av. J.-C.) on fonda une *sodalitas* (2). L'érection d'un temple suffisait parfois à entraîner la constitution d'une corporation; ainsi fut créé le *collegium Mercatorum*, chargé de rendre un culte à Mercure (3) (495 av. J.-C.).

Mais les liens qui unissaient les membres des *sodalitates* devinrent toujours plus indépendants de toute communauté d'origine; des considérations d'un ordre différent, telles que des relations de voisinage, bientôt même le simple désir de se réunir à des gens de sa condition, déterminaient l'association d'individus étrangers les uns aux autres.

Tout ce qui précède permet de comprendre pourquoi, si l'on excepte les grands collèges pontificaux, on ne peut pas faire une distinction très nette entre les corporations religieuses officielles et celles qui présentaient un caractère privé; ces dernières subirent en effet des transformations qui en altérèrent le caractère premier. A la parenté naturelle qui unissait leurs membres, se substituèrent des rapports d'une autre nature, mais assez étroits pour engendrer certains devoirs entre *sodales* : on ne pouvait se porter accusateur d'un *sodalis* dans un procès criminel (4),

---

(1) Marquardt, *Romische,* Staatsverwaltung, 3e vol., p. 132.
(2) Cic., *Cato,* XIII, 45.
(3) *Tit. Liv.*, 2, 27.
(4) Cic., *pro Cælio,* II, 26.

devenir patron de l'accusateur ; on ne pouvait être juge dans un procès où un *sodalis* était partie.

Ces relations étaient rendues plus intimes par la coutume des repas en commun. Pour fêter le dieu, dont ils entretenaient le culte, les membres de la corporation se réunissaient, et, les sacrifices accomplis, prenaient place autour d'une même table ; ces réjouissances se multiplièrent toujours davantage, et devinrent souvent l'une des grandes préoccupations des *sodales :* tellement que Festus (1) cherche l'origine de ce terme dans la coutume des repas pris ensemble : « Sodales dicti quod una sederent et essent. »

Peu à peu le caractère profane de ces corporations aristocratiques se développa davantage, et un jour vint où, le sentiment religieux s'étant affaibli, les cérémonies du culte, scrupuleusement accomplies d'ailleurs, devinrent d'un intérêt secondaire. Le but des associés était avant tout de se créer des relations agréables, et de trouver des personnes amies à cette table dont la frugalité primitive dégénéra bientôt en un luxe qu'il fallut réprimer.

Ces explications étaient nécessaires pour échapper à un reproche souvent adressé (2) aux auteurs qui ont traité la question, et qui auraient exagéré le caractère religieux des premières associations romaines. Pour nous, la vérité est cependant qu'aucune d'entre elles, depuis celles dont le but principal, primitivement du moins, était l'exercice d'un culte, jusqu'aux corporations d'artisans, aux clubs politiques, aux

(1) Fest. (éd. Muller), p. 296.
(2) Madvig, l'*État romain*, 3ᵉ vol., page 148, note 1.

associations de petites gens, ne fut jamais affranchie de préoccupations religieuses ; on peut dire que toutes affirmaient leur existence par la célébration de cérémonies sacrées, bien que leur véritable raison d'être pût être cherchée ailleurs. Les liens qui les rattachaient à la religion purent se relâcher, mais ne disparurent jamais complètement ; les preuves de ce fait abondent, et nous les retrouverons en traitant de la constitution intérieure des collèges.

On a prétendu que les associations religieuses, si nombreuses à l'origine, furent précisément exceptées de la règle libérale écrite dans la loi des XII tables, ce qui restreindrait considérablement la portée de cette règle, on l'avouera. Le texte sur lequel s'appuie cette opinion est un sénatus-consulte de l'an 186 av. J.-C., qui interdit non pas la libre formation de toutes les associations religieuses, mais qui supprime la fameuse corporation des Bacchanales, dont le culte mystérieux et grossier était une occasion de troubles dans la cité.

§ 4. — **Collèges des Carrefours.** — Toutes les associations dont il s'est agi jusqu'ici présentaient un caractère aristocratique, soit qu'elles fussent fondées dans un but exclusivement religieux, soit qu'elles réunissent des gens désireux surtout d'entretenir des relations amicales.

Mais au moment où la loi des XII tables posait le principe de la liberté d'association, il existait à Rome des corporations composées de petites gens. — Nous les retrouverons plus tard sous la forme de clubs politiques et de collèges funéraires, mais il faut parler ici de celles que l'on appelait *collegia compitalicia*, car elles étaient fort anciennes, et ne survécurent pas à la République.

Leur nom est emprunté à celui des fêtes célébrées en l'honneur des *Lares Compitales,* génies protecteurs de chaque quartier de Rome. On fait remonter l'origine de ces fêtes à Servius Tullius ; il est certain en tous cas qu'il existait déjà sous les rois des associations chargées de rendre un culte à ces divinités populaires, et d'accomplir des sacrifices sur l'autel qui leur était élevé aux carrefours des rues. Les jeux qu'on y célébrait devinrent, pendant les derniers temps de la République, l'occasion de troubles, dont le renouvellement entraîna la suppression des *collegia compitalicia*. Le rétablissement postérieur du culte des *Lares Compitales* ne fut pas accompagné de celui des collèges eux-mêmes, et ce culte ayant pris un caractère officiel, comme nous le verrons dans la suite, des *magistri* choisis par l'empereur furent chargés de l'entretenir.

§ 5. — **Collèges d'artisans**. — *Les Collèges d'artisans* ne jouèrent jusqu'à l'Empire qu'un rôle très secondaire dans la cité, et cependant ils existaient depuis les premiers siècles de Rome.

Leur peu d'importance à l'origine s'explique facilement chez un peuple tout occupé des soucis de la guerre, et qui n'estimait que deux professions, celles du soldat et de l'agriculteur. Tout autre métier était indigne du citoyen romain et constituait pour lui une déchéance. C'est ainsi que Cicéron dira encore en parlant des artisans : « in sordida arte versantur, neque enim quidquam ingenuum potest habere officina » (1). On se serait rendu compte de l'injustice de ces préjugés si le travail des hommes libre eût été véritablement indispensable ; mais les esclaves suffisaient à peu près à tous les besoins, et les ouvriers libres qui essayaient de lutter contre cette redoutable concurrence y trouvaient d'une part peu de profit, et d'autre part étaient presque assimilés à ceux avec qui ils entraient en lutte. « Rivaliser sur ce terrain avec les esclaves, braver les préjugés régnants, c'était renoncer à son rang, à sa position, c'était se dégrader. Celui-là même qui s'y résignait trouvait une voie hérissée de difficultés ; les grosses œuvres, tout ce qui concernait les besoins ordinaires de la vie, sauf d'insignifiantes exceptions, était accompli par des esclaves dans toutes les grandes maisons. Quant aux métiers qui exigeaient une adresse et une pratique plus grandes, il y avait des officines et des fabriques qui employaient des esclaves. » (Ihering, *Esp. du dr. rom.* 2, 241).

On attribue à Numa l'organisation des *collegia opificum*. Plutarque (2) raconte qu'en créant ainsi des corps de métiers, Numa voulut rapprocher et fondre ensemble les Latins et les Sabins, toujours hostiles les uns aux autres, et dont les vieilles discordes ne pouvaient cesser que le jour où, ayant les mêmes intérêts à défendre, des fêtes et un culte commun, ils perdraient le souvenir de leur diversité d'origine. « Ainsi, dit l'historien grec, lorsqu'on veut unir des « corps durs, et qui naturellement ne se mêleraient

(1) *De offic.*, 1, 42.
(2) Plut., *Vie de Numa*, 15.

« pas ensemble, on les réduit en parcelles, et l'union
« devient facile. » Numa institua pour cette raison
huit collèges : de musiciens, orfèvres, charpentiers,
teinturiers, cordonniers, tanneurs, forgerons et po-
tiers.

Un texte de Florus (1) semblerait faire remonter
au roi Servius Tullius l'origine des corps de métiers ;
il y est dit en effet : « Ab hoc populus romanus re-
latus in censum, digestus in classes, curiis atque collegiis distributus, summaque regis solertia ita est
ordinata respublica ut omnia patrimonii dignitatis,
artium officiorumque discrimina referrentur. » Mais
il est probable que Servius Tullius ne fut pas le fondateur des corporations ouvrières ; il donna seulement
à quelques-unes de celles qui existaient auparavant
une situation privilégiée. Tandis en effet qu'il relé-
guait dans la dernière des cinq classes de citoyens la
généralité des artisans, il créait quatre centuries
d'ouvriers et de musiciens qui furent adjointes aux
premières classes, votèrent sans doute avec elles dans
les comices, et les suivirent à la guerre, non pas pour
combattre, mais les premières avec charge de transporter et d'entretenir les machines, les secondes d'en-
flammer les légions au jour de la bataille.

Si l'on excepte ces quelques centuries soumises à
un régime de faveur, il est certain que le rôle joué
sous la royauté par les corporations d'artisans fut de
bien minime importance ; elles ne comptaient pas
dans la vie publique de la cité, et il fallut la méfiance
despotique d'un Tarquin pour les frapper comme
dangereuses. Tarquin craignait que ces grandes réu-

(1) Flor., 1, 6.

nions de citoyens ne pussent conspirer, pour secouer le joug de son gouvernement tyrannique (1).

Après l'expulsion des rois, elles vécurent sous un régime d'entière liberté que sanctionna bientôt la loi des XII tables ; mais la concurrence du travail des esclaves les relégua toujours au second plan, et à cause même de leur peu d'importance il règne quelque obscurité sur tout ce qui concerne leur organisation propre et leur développement à cette époque.

L'artisan qui se réunit aux gens de sa profession le fait parce qu'il se sent isolé et sans force dans une société qui le méprise. Il comprend que l'association lui permet seule de se faire une place dans la cité, de faire respecter ses droits, et d'être estimé d'avantage parce qu'il est plus fort. Réuni à ceux qui partagent sa condition, il est plus heureux et trouve les mêmes satisfactions que les membres des clubs aristocratiques dont je parlais plus haut ; il obéit à un besoin naturel de sociabilité que développe encore son isolement dans l'État. Il poursuit si peu un but exclusivement industriel que nous rencontrerons dans certaines corporations des artisans dont la profession diffère de celle de la majorité de leurs collègues. Les inscriptions de Lyon nous en fourniront plus tard des exemples remarquables.

Les associations d'ouvriers présentent aussi un caractère religieux si frappant, qu'il est parfois difficile de déterminer avec certitude si elles constituent des sodalités religieuses ou des corporations industrielles. Le plus souvent ce caractère va en s'affaiblissant, mais il est aussi parfois des exemples du phéno-

(1) Denys., d'Hal., l. IV, p. 245.

mène contraire. On se rappelle à ce propos la controverse célèbre qui s'est élevée sur la nature exacte du
collège des dendrophores. Les uns n'y voyaient qu'une
confrérie religieuse, les autres qu'une corporation
d'artisans ; Godefroy, dans son commentaire du Code
théodosien, admettait l'existence de deux corporations
de dendrophores. Aujourd'hui enfin il est généralement admis, conformément à l'opinion de M. Rabanis,
que cette association ouvrière fut chargée du culte de
Cybèle, et devint ainsi une des grandes sodalités religieuses.

Trop souvent les collèges d'artisans se mêlèrent à
la politique et purent être confondus avec les clubs
connus sous le nom de *collegia soladicia*, qui trou-
blèrent l'État, et furent l'objet de diverses lois de
répression. C'est une question délicate que celle de
savoir dans quelle mesure les corporations ouvrières
tombèrent sous le coup de ces lois, mais il paraît
bien probable que les travailleurs, constituant dans la
société romaine une classe inférieure exclue longtemps
des affaires de l'État, ne purent être sourds aux appels
des factieux qui leur promettaient la liberté et le pouvoir.

« Méprisés de tous, dit M. Levasseur(1), les artisans
devinrent en quelque sorte les ennemis d'une société
qui refusait de leur faire une place. Les collèges composés de gens du métier se prêtèrent à tous les désor-
dres qui affligèrent les derniers temps de la République. Soit qu'ils servissent à déguiser parfois des
associations purement politiques, soit plutôt que la
foule qui les composait fût toujours disposée à four-

(1) *Histoire des classes ouvrières jusqu'en 1789*, 1er vol., p. 14.

nir aux tribuns turbulents l'appui de ses votes et de ses bras, ils devinrent justement suspects au Sénat. »

Pour se rendre un compte exact du rôle que pouvaient jouer dans les élections les clubs politiques proprement dits et les collèges industriels ou religieux dégénérés, il faut savoir à quels abus avait donné lieu la brigue électorale au dernier siècle de la République. De bonne heure les candidats avaient pris l'habitude de parcourir les quartiers de Rome et les bourgades environnantes, pour gagner leurs habitants. Dès l'année 358 la loi *Poetelia* (1) était venue réprimer les abus naissants ; en dépit de cette loi, et de toutes celles qui suivirent (lex *Cornelia Baebia* (181) *Cornelia Fulvia* (159) *Aurelia* (70) les électeurs vendaient leurs voix aux candidats ; ceux-ci avaient des agents spéciaux connus sous le nom de *sequestres* qui recevaient l'argent, le faisaient répartir par les *divisores*, et les individus acquis par ces moyens au plus offrant étaient embrigadés et formaient des centuries avec leurs subdivisions. Il importait surtout aux candidats de gagner à leur cause les chefs des principaux collèges tout puissants dans les tribus, où souvent la masse obéissait au mot d'ordre qu'ils donnaient. Les citoyens les plus honnêtes, ceux qui désapprouvaient le plus vivement de pareils moyens, étaient contraints de les employer. C'est ainsi que Quintus Ciceron n'hésitait pas à donner à son frère Marcus Julius Ciceron, qui allait poser sa candidature au consulat, les conseils que voici :

« Fais toi des amis de toute espèce et choisis pour « former tes centuries électorales des gens du plus

(1) Cic., *Ad attic.* I, 1, 2.

« grand crédit. Assure-toi de tous ceux qui peuvent
« reconnaître un service ou l'espoir d'un bienfait par
« le vote d'une tribu, ou d'une centurie. . . . . Ah ! si
« l'on pouvait compter sur la reconnaissance hu-
« maine, aucune de ces ressources ne te ferait défaut;
« car dans les derniers temps, tu as obligé quatre
« sodalités des citoyens les plus influents dans les
« comices, celles de M. Fundanius, de Q. Gallius, de
« C. Cornelius, et C. Orcininus. (1). »

Et plus tard Ciceron revenu de l'exil en l'an 57,
devra reconnaître qu'il lui fallait attribuer son rappel
à l'influence de ces mêmes collèges.

Les abus devinrent si criants, qu'un sénatus-consulte
vint frapper les collèges qui s'occupaient de politique.
Un texte d'Asconius (2) nous apprend que l'on épar-
gna les corporations les plus illustres, et celles dont
l'existence était indispensable au service de la cité,
telles, dit-il, que les collèges d'ouvriers qui travail-
laient les métaux, le bois et la terre. D'une manière
générale on laissa subsister toutes les associations
formées entre artisans, lorsqu'elles n'étaient pas sorties de leurs attributions naturelles, et n'avaient pas
pris part aux troubles politiques. Ce sénatus-consulte
fut sans doute rendu en l'an 67 av. J.-C., bien que
M. Mommsen lui assigne une date un peu posté-
rieure, (64 av. J.-C.) (3). Il est positif que la suppression des collèges politiques eut lieu la même année
que celle des jeux de carrefours, or Ciceron (4) nous

(1) Quintus T. Cic., *De pet. consulatus*, 5.
(2) Ascon., *In Cornel.* Cic. p. 75.
(3) Mommsen, *De collegiis et sodaliciis romanorum*, chap. IV,
§ 10.
(4) In Pison, 4.

apprend que ceux-ci furent célébrés pour la dernière fois en 68. De plus, Asconius dit ailleurs en termes formels que les collèges furent réorganisés neuf ans après le moment où ils avaient été abolis ; or c'est en 58 que Clodius les rétablit.

Ce sénatus-consulte fut complété par une loi *Acilia Calpurnia* rendue la même année pour remédier aux excès de la brigue électorale. Vains efforts que renouvela Ciceron élevé au consulat, lorsqu'il fit voter la loi *Tullia de ambitu* (63 av. J.-C.).

Bientôt après Clodius réussit à restaurer les collèges dissous par le sénatus-consulte, et il en créa une foule de nouveaux, dont il alla recruter les membres parmi les esclaves, et dans les dernières classes de la plèbe (1), véritables bandes organisées pour les luttes du forum.

Mais cette réforme eut de si funestes résultats, que sous le second consulat de Crassus et de Pompée, en l'an 55, fut rendue la loi *Licinia de Sodaliciis*, dirigée non contre les collèges eux-mêmes, mais contre ceux qui se rendraient coupables de brigue et de corruption électorale. On institua un jury spécial et permanent, une *quaestio de ambitu*, qui fut ainsi la troisième de ces *quaestiones extraordinariae* auxquelles étaient délégués dans certains cas exceptionnels les pouvoirs du peuple en matière de juridiction criminelle.

Un des premiers usages que fit César du pouvoir fut d'abolir provisoirement par un édit rendu en l'an 47 les collèges, à l'exception de ceux dont l'origine remontait aux premiers temps de Rome (2).

(1) Cic, *Pro sexto*, 25. *In Pison*, 4.
(2) Suet., C. J. Cœsar, 42.

Une loi *Julia de collegiis* rendue sous Auguste vint confirmer cet édit (1). Elle clot la première période de l'histoire des corporations à Rome, et substitue un régime nouveau à celui qui les avait régies jusqu'alors.

Chapitre II

DES COLLÈGES A PARTIR D'AUGUSTE

§ 1. — **Régime nouveau.** — Avec Auguste commence donc la seconde des deux périodes que nous avons distinguées dans l'histoire des corporations à Rome. Tandis que, pendant la première, le droit d'association peut en principe s'exercer librement, il devient désormais soumis à la nécessité d'une autorisation préalable.

Nous lisons en effet au Digeste : (1, Pr. D. III, 4) « Neque societas, neque collegium, neque hujusmodi « corpus passim omnibus habere conceditur : nam et « legibus et senatusconsultis, et principalibus cons- « titutionibus ea res coercetur. »

Et Gaïus ajoute : « Paucis admodum in causis « concessa sunt hujusmodi corpora. »

Ceux qui fondent un collège sans autorisation encourent la peine capitale, ainsi que ceux qui font invasion en armes dans un temple ou autre lieu public (2). Sans admettre que cette règle rigoureuse ait été appliquée, il est certain que les premiers em-

(1) Suet., *August.* 32.
(2) D. 2 LXVII, 22.

pereurs se montrèrent peu disposés à favoriser le développement des collèges en général. Il n'est pas fait d'exception en faveur de ceux qui se composent exclusivement d'artisans, et dont l'existence semblerait devoir être encouragée dans un but d'intérêt général. Un fait en est la preuve. L'un des empereurs les moins tyranniques, Trajan, répondant à Pline, alors gouverneur de Bithynie, qui lui demandait d'autoriser la création d'un collège d'artisans chargé d'éteindre les incendies, refusa son consentement : « N'oublions pas, écrivait-il, que cette province et « surtout cette ville ont été troublées par des sociétés « *de ce genre.* Quelque nom qu'on leur donne, pour « quelque motif qu'elles soient créées, elles ne tarde- « ront pas à devenir des associations factieuses (2). »

Ce texte peut être invoqué par ceux qui estiment que les collèges d'artisans ne restèrent pas étrangers aux troubles des derniers temps de la République, puisque, malgré les raisons qui semblaient justifier la création du collège de Nicomédie, Trajan invoque le souvenir du danger que d'autres corporations semblables ont fait courir à l'État.

La nécessité d'une autorisation spéciale pour la création de tout collège nouveau n'était pas absolue, et nous allons même voir qu'un très grand nombre d'associations échappaient à l'application de cette règle sévère soit à cause de leur nature propre qui rendait leur existence nécessaire, soit en vertu d'exceptions formulées expressément dans les textes.

L'un d'eux va nous arrêter longuement ; il s'agit de la loi 1 D. 47, 22 : « Mandatis principalibus

(1) Pline, *Epist.*, 10, 42 et 43.

praecipitur praesidibus provinciarum, ne patiantur esse (collegia) sodalicia, neve milites collegia in castris habeant. Sed permittitur tenuioribus stipem menstruam conferre : dum tamen semel in mense coeant, ne sub praetextu hujusmodi illicitum collegium coeat ; quod non tantum in urbe, sed et in Italia, et in provinciis locum habere, divus quoque Severus rescripsit. Sed religionis causa coire non prohibentur ; dum tamen per hoc non fiat contra senatusconsultum quo illicita collegia arcentur. »

La première phrase pose la règle que nous connaissons déjà ; ordre est donné aux présidents de province de ne pas tolérer les associations (sodalicia). Par ce mot il ne faut pas seulement entendre les corporations politiques, qu'avait visées tout particulièrement la loi Licinia de sodaliciis. Il s'agit ici des associations privées en général. Celles qui sont fondées entre militaires sont particulièrement redoutées, et la loi 2 D. XLVII, 2, défend que sous aucun prétexte il en soit fondé de semblables. Cependant nous verrons qu'elles prirent souvent la forme de collèges funéraires et echappèrent ainsi aux prescriptions qui les frappaient.

§ 2. — Collèges funéraires. — Les collèges funéraires en effet étaient soumis à des règles spéciales.

La deuxième phrase de notre texte permet aux petites gens d'apporter des cotisations mensuelles, ce qui suppose le droit de constituer un collège, pourvu qu'ils ne se réunissent pas plus d'une fois par mois, et ne poursuivent pas une fin illicite.

Le texte de Marcien est incomplet, en ce qu'il ne

nous apprend pas dans quel but les *tenuiores* peuvent ainsi s'associer. Or, le sénatus-consulte qui leur créait cette situation de faveur spécifiait bien que l'on autorisait seulement les collèges funéraires, c'est-à-dire ceux qui avaient pour but de procurer une sépulture à leurs membres. Le texte même du sénatus-consulte nous est connu depuis la découverte faite à Lanuvium, petite ville voisine de Rome, du règlement de l'un de ces collèges funéraires : (1) « Qui stipem menstruam conferre volent in funera, in id collegium « coeant, neque sub specie ejus collegi nisi semel in « mense coeant conferendi causa unde defuncti sepe- « liantur. »

On sait que les anciens attachaient une grande importance à l'accomplissement de leurs funérailles, indispensables, pensaient-ils, à leur bonheur dans l'autre vie. Tandis que les riches pouvaient être exempts de toute crainte à cet égard, les pauvres, les petites gens, étaient fort préoccupés de leur vivant de s'assurer une sépulture pour le jour de leur mort. Aussi certains collèges fondés dans des buts divers, associations religieuses, corporations d'artisans (2), consacraient une partie de leurs ressources à l'ensevelissement de leurs membres. Ce qui était primitivement pour elles accidentel et accessoire prit chaque jour plus d'importance ; mais on peut affirmer que beaucoup de *collegia tenuiorum* n'étaient pas à l'origine de simples caisses funéraires (3).

(1) Orelli, 6086.

(2) *Collegium fabricensium.* (Orelli, 4079). *Collegium jumentariorum portae Gallicae.* (Orelli, 4093).

(3) Voir Marquardt, *Romische Staatsverwaltung*, 3e vol., p. 139.

Les collèges funéraires apparaissent à Rome sous deux formes et deux noms distincts : les premiers que l'on rencontre portaient le nom de *societates*, bien que ce terme soit en général réservé aux associations temporaires qui ont pour but des opérations civiles ou commerciales, et que les associations dont il s'agit eussent bien le caractère de collèges. Ils se distinguent principalement des suivants en ce que leurs membres reçoivent la sépulture dans un bâtiment élevé par l'association, et nommé *columbarium*. On ne peut pas savoir si cette forme a simplement précédé la seconde, ou si elles ont coexisté ; mais il est certain que l'une et l'autre ont bénéficié de l'exception apportée en leur faveur dès le Ier siècle de l'ère chrétienne à la nécessité de l'autorisation préalable.

Les collèges funéraires de la deuxième espèce ont été longtemps très mal connus. La découverte faite à Lanuvium en 1816, et la savante dissertation de M. Mommsen (1) sur ce point, permettent aujourd'hui de mieux préciser le caractère de ces associations.

Le nom de *cultores*, qui désignait leurs membres, avait longtemps fait croire qu'il s'agissait de collèges exclusivement religieux ; mais M. Mommsen le premier remarqua que tous ceux qui nous étaient connus, et principalement les collèges d'Esculape et d'Hygie(2), de Jupiter Cernenius (3), de Diane et d'Antinoüs (4), se plaçaient bien sous la protection d'un dieu, mais

(1) Voir Mommsen, *De collegiis et sodaliciis*, chap. V, §§ 13 et 14.
(2) Orelli, 2417.
(3) *Corpus Insc. Lat.*, III, p. 924.
(4) Orelli, 6086.

avaient comme principal souci les funérailles de ceux qui les composaient.

Ces corporations, quelque modestes qu'elles fussent, ont joué un rôle trop considérable, pour que nous ne nous y arrêtions quelques instants.

Composées de gens de la condition la plus humble, fort souvent même d'esclaves (1), quand leurs maîtres y consentaient, elles n'étaient pas assez riches pour élever un monument funéraire ; et lorsqu'un de leurs membres était décédé, s'il laissait un héritier testamentaire, on remettait à ce dernier une somme appelée *funeraticium*, destinée à l'indemniser des frais qu'il avait à faire ; si le défunt était mort intestat, ou si l'héritier institué avait répudié sa succession, l'association se chargeait elle-même des funérailles.

La caisse sociale était alimentée par les cotisations mensuelles dont parle Marcien, puis à partir d'une certaine époque par les donations et les legs dont le collège recueillait le bénéfice ; souvent un de ses propres membres soucieux non seulement de s'assurer une sépulture, mais encore de perpétuer le culte de sa mémoire, laissait sa fortune à l'association, sous condition que ses collègues s'assembleraient en un jour déterminé et célébreraient son souvenir par un repas en commun, dont le testateur réglait parfois tous les détails (2).

Dans ces associations, plus encore que dans toutes les autres, l'habitude des repas de corps devint chère aux associés ; tout servait de prétexte pour les multiplier, et cet usage entretenait entre les membres des

(1) 3. 2. D. 47. 22.
(2) Orelli, 3999.

relations amicales, on peut même dire fraternelles, car souvent le nom de frère est employé dans les ins-criptions pour désigner un collègue (1).

C'est par là que ces associations jouèrent, comme nous le disions plus haut, un rôle considérable ; elles créèrent des liens étroits entre les diverses espèces d'individus que l'on comprenait sous la dénomination générale de « *tenuiores* », et contribuèrent beaucoup à rapprocher de la classe libre celle des esclaves. Ceux-ci, dans le collège n'étaient plus des choses, mais des hommes, parfois ils étaient élevés à certaines dignités (2), et s'ils restaient soumis à la puissance de leur maître, si ce dernier pouvait les priver de la sépulture effective qui leur était due, il était hors de son pouvoir d'empêcher l'association d'accomplir le « *funus imaginarium* » nécessaire pour assurer le repos de leur âme dans l'autre vie.

Longtemps après que l'accomplissement des funé-railles fût devenue la principale raison d'être de ces associations, elles conservèrent encore un caractère religieux. Il s'affaiblit pourtant beaucoup, et le terme de *cultores* auquel s'attache certainement une idée religieuse en vint à signifier simplement membre d'un collège. C'est ainsi que nous trouvons cette dé-signation « *cultores collegii Mercurii* », et non pas « *collegium cultorum Mercurii* (3). »

On s'étonnera peut être qu'il ait été permis à ces collèges funéraires de se former librement, car il semble que les empereurs auraient dû les redouter

(1) Orelli, 1485, 1238.
(2) *Corpus Insc. Lat.*, 1, 1406.
(3) Orelli, 6080.

puisqu'ils se recrutaient dans les dernières classes du peuple, dans cette foule oisive et turbulente, toujours prête autrefois à seconder les projets des factieux. — Mais à la fin du premier siècle de l'ère chrétienne, il est à remarquer que la plèbe restait étrangère aux préoccupations politiques, et l'expérience avait prouvé que l'on ne devait rien craindre des collèges funéraires. — D'ailleurs le sénatus-consulte spécifiait bien que leurs membres ne pouvaient se réunir qu'une fois par mois pour affaire. Ils le faisaient plus fréquemment, mais soit dans un but religieux, soit pour célébrer l'anniversaire de la création du collège, ou de quelqu'autre événement mémorable.

Beaucoup de corporations prirent la forme de sociétés funéraires, pour profiter de la faveur qui était faite à celles-ci. Les premiers chrétiens durent sans doute la tranquillité dont ils jouirent pendant longtemps à l'analogie que présentaient leurs associations avec les collèges funéraires : un lieu de sépulture commun à tous, quelle que fût leur condition, l'usage des repas de corps, une caisse alimentée par les dons des fidèles, des chefs élus par tous, tels étaient les principaux points de ressemblance entre les deux espèces d'associations.

Mais lorsque l'église chrétienne toujours plus envahissante compta parmi ses membres des individus appartenant aux plus hautes classes de la société romaine, elle ne put plus vivre sous le couvert de cette loi protectrice, et ses adeptes furent poursuivis, parce qu'ils constituaient des collèges illicites.

Nous arrivons au § 1 du texte de Marcien, sur le sens duquel on a beaucoup discuté. Il faut le citer de nouveau : « Sed religionis causa coire non prohi-

3

bentur, dum tamen per hoc non fiat contra senatus-consultum quo illicita collegia arcentur. »

Trois systèmes principaux existent à propos de ce texte :

Suivant le premier (1), une distinction était faite à Rome entre le droit de réunion et le droit d'association. — Toute association religieuse était soumise à la nécessité d'une autorisation préalable, mais le droit de se réunir (coire) dans un but sacré était libre, pourvu que, sous prétexte de célébrer un culte en commun, on ne constituât pas une association illicite.

Nous ne croyons pas que cette distinction entre le droit d'association et le droit de réunion fût admise à Rome, car on eût fait une faveur illusoire à des groupes d'individus, en leur accordant le second et leur refusant le premier. Chez les Romains il n'existait pas à proprement parler de religion officielle, tous les dieux étrangers étaient également accueillis ; or, lorsqu'un culte nouveau était introduit, il eût été sans intérêt pour ceux qui voulaient le célébrer d'obtenir le droit de s'assembler, dans ce but, s'ils n'avaient en même temps eu celui de former une association ; car, par cela même que l'État ne se chargeait pas de subvenir aux dépenses nécessaires, il fallait que d'autres le fissent à sa place, et pour cela formassent une association.

Un second système (2) prétend qu'une exception était apportée à la nécessité de l'autorisation préala-

---

(1) Gide. *Droit d'association en matière religieuse*, p. 20 et suiv.

(2) Dain. Droit d'association à Rome, th. 1879, p. 22.

ble, en faveur des associations religieuses en général.
Le mot « *coire* » aurait donc le sens de « fonder un
collège », et il aurait été permis de le faire librement
religionis causa.

Si l'on admettait une exception ausi large à la règle
que rappelle Marcien au début du texte, on se demande ce qu'il demeurait de cette règle. On comprend
assez bien au contraire que cette dernière fût applicable aux collèges religieux, car très souvent sous
prétexte de religion ils poursuivaient une fin illicite ;
témoins les collèges de soldats, particulièrement
redoutés des empereurs, et qui pour se recommander
à la bienveillance de l'autorité se plaçaient sous la
sauvegarde d'une divinité quelconque. La loi prévient
un pareil détour dans un texte que l'on a invoqué
dans ce second système : « Sub pretextu religionis.
vel sub specie solvendi voti, cœtus illicitos nec a
veteranis tentari oportet » (2 D. de extraord. crimin.
XLVII. II.) Dire que sous prétexte de religion les
vétérans ne peuvent fonder un collège, cela n'implique pas que les associations créées dans un but reli-
ligieux soient permises; et il semble que l'on en
déduirait plutôt le contraire, aussi voyons-nous certains auteurs se servir de ce même texte pour combattre le système qui l'invoque.

A notre avis, et conformément à la doctrine exposée
par M. Mommsen (1), il existe une corrélation étroite
entre le paragraphe sur lequel roule la discussion et
celui qui précède : après avoir dit que les membres
des *collegia tenuiorum* ne peuvent se réunir plus
d'une fois par mois pour apporter leurs cotisations,

(1) Mommsen, *de coll.*, *et sodal.*, chap. v, § 13, p. 87.

autrement dit pour s'occuper des intérêts de l'association, le jurisconsulte ajoute : Il ne leur est pas
interdit de se réunir (coire) pour une cause religieuse,
plus souvent s'ils le veulent. — Comment a-t-on pu
soutenir qu'à la lecture du texte il était impossible de
saisir un lien logique entre ses deux parties ? Au point
de vue grammatical, il semble au contraire que les
deux verbes doivent avoir le même sujet, et que le
mot coire répété à un si court intervalle doit avoir
dans les deux cas le même sens. — Il était d'ailleurs
fort naturel d'interdire le retour trop fréquent d'assemblées où l'on aurait pu s'occuper de questions
politiques, tandis que la célébration du culte nécessi-
tait des réunions plus rapprochées et sans danger
pour la sûreté de l'État.

D'ailleurs ceux qui soutiennent que les associations
religieuses étaient autorisées doivent reconnaître qu'à
partir d'une certaine époque les poursuites les plus
rigoureuses furent exercées contre celles qui s'étaient
créées depuis l'introduction de la religion chrétienne.
— Pline le jeune nous dit en propres termes que les
assemblées chrétiennes furent interdites par Trajan,
non à cause du mal qu'elles faisaient, mais parce
qu'elles constituaient des associations illicites, des
hétairies (1).

Si nous laissons maintenant le texte de Marcien
pour examiner sous quel régime vivaient les autres
corporations romaines, nous trouvons encore plusieurs
exceptions à la règle qui rend nécessaire une autorisation préalable.

(1) Pline, *Epist.*, l. 10, ep. 97.

§ 3. — Corporations religieuses des Augustales. —
Parmi les corporations religieuses qui, en principe,
demeuraient soumises à cette règle, toutes celles qui
présentaient un caractère officiel étaient, cela va sans
dire, dispensées de l'observer. Nous n'entendons plus
parler des grands collèges sacerdotaux rencontrés dès
les premiers siècles ; ceux qui subsistaient parmi eux
eurent la même condition qu'auparavant, mais nous
voulons étudier avec quelques développements les
véritables collèges officiels existants pendant notre
seconde période historique, c'est-à-dire ceux qui
étaient chargés de rendre un culte à la divinité impériale.

C'est un spectacle très curieux que celui qui nous
est donné par Auguste et ses successeurs, s'efforçant
de substituer le culte nouveau qu'ils veulent établir à
celui des anciens dieux de Rome. Auguste, tout particulièrement dans un but exclusivement politique,
mit tous ses efforts à accomplir cette tâche ardue, il
usa pour cela de moyens habiles et détournés, car il
voulait toujours que cette substitution semblât être
l'effet non de son intervention propre, mais de l'initiative des peuples dont il désirait l'hommage.

Il admit d'abord que les nations vaincues rendissent
un même culte à son génie et à celui de Rome : « *Romae
et Augusto*. » Telle était la dédicace du fameux autel
élevé au confluent du Rhône et de la Saône par
soixante cités gauloises, dix ans avant Jésus-Christ (1).
Des prêtres nommés par les députés des trois provinces
qui avaient concouru à l'édification de ce monument
étaient chargés de l'entretien du temple.

(1) Strabon (IV, III, 2).

Rien de semblable n'existait à Rome, et jamais Auguste ne souffrit que de son vivant on lui rendît un culte dans cette ville même : il estimait que l'intérêt de sa politique ne le réclamait pas.

Ce fut seulement après sa mort que Tibère créa à Rome un collège dont les membres prirent le nom de *sodales Augustales* et furent chargés de rendre les honneurs divins au fondateur de l'empire. Tacite (1) nous raconte que pour composer ce collège on tira au sort vingt et un noms parmi ceux des plus grandes familles romaines et qu'on y adjoignit ceux de Tibère, Drusus, Claude et Germanicus.

Pour prendre place à côté du divin Auguste il fallut pour ses successeurs une décision du Sénat, qui jugeait s'ils en étaient dignes. Caligula, Néron, Domitien eurent leur mémoire abolie. Claude, au contraire, fut divinisé, et les *sodales Augustales* ajoutèrent à leur nom celui de Claudiales.

Nous devions parler du collège des prêtres augustaux avant d'arriver à l'étude des *Augustales* ou *Seviri Augustales* qui constituaient des collèges très nombreux en Italie et dans toutes les provinces conquises, surtout en Gaule. En effet, on a beaucoup discuté pour savoir quelle était leur origine ; sans entrer dans l'étude des diverses opinions émises sur cette question, nous devons signaler deux d'entre elles qui sont aujourd'hui plus généralement adoptées.

Suivant la première (2), les corporations d'*Augustales* répandues sur toute l'étendue de l'empire romain

(1) Tacite, *Ann.* I, 54.
(2) M. Zumpt, *De Augustalibus et seviris augustalibus commentatio epigraphica.*

avaient été précisément créées à l'imitation du collège des prêtres augustaux institué par Tibère. Suivant la seconde (1) les membres qui les composaient auraient été chargés de fonctions analogues à celles des *magistri vicorum* institués à Rome pour entretenir le culte des dieux Lares.

Nous savons que les collèges qui sous la République étaient chargés de ce soin, avaient pris une grande part aux troubles de cette époque, avaient été supprimés, rétablis, puis supprimés encore. Auguste reconstitua le culte des dieux Lares sur des bases nouvelles ; il fit placer sur les autels des carrefours l'image de son génie qui prit la première place parmi ces divinités populaires, et les ministres institués pour célébrer ce culte, recrutés parmi les classes inférieures de la société, le plus souvent parmi les affranchis, prirent le nom de *magistri vicorum* ou même parfois celui de *magistri Larum Augustorum* (2).

Mais ce n'était pas assez que d'associer le génie de l'empereur au culte rendu aux dieux Lares dans la ville de Rome seule. Il importait à la politique impériale que chez toutes les nations conquises il en fût de même, et que, jusqu'aux confins de l'empire on rendît hommage au génie du prince. Auguste pour y arriver assimila aux Lares romains les divinités des peuples soumis à sa domination et principalement celles des Gaulois. Dès lors elles ne purent plus être adorées chez ces peuples comme divinités nationales, mais comme

---

(1) Egger, *Examen critique des historiens anciens de la vie et du règne d'Auguste.*

Egger, *Revue archéol.* (III, p. 635-648 et 774-790), *Nouvelles observations sur les Augustales.*

(2) Orelli, 1661.

Lares, et dans le culte qu'on leur adressait l'empereur avait sa part. Les collèges spéciaux institués pour le célébrer seraient précisément les corporations d'*Augustales* dont on recherche l'origine ; il faudrait donc attribuer les mêmes fonctions aux *magistri vicorum* existants à Rome, aux *magistri Larum Augustalium* de l'Italie et aux *Seviri Augustales* de Gaule.

On invoque à l'appui de cette opinion le témoignage de l'un des scholiastes d'Horace, Porphyrion, qui dit : « Ab Augusto enim Lares, id est dii domestici, in « compitis positi sunt ; ex libertinis sacerdotes dati « qui Augustales sunt appellati (1). »

On a fait remarquer dans le même sens que si les *Augustales* avaient été imités des prêtres augustaux institués par Tibère, ils se seraient recrutés parmi les citoyens occupant le premier rang dans les municipes ; or, au contraire, ils étaient pris parmi les petites gens, les affranchis dans bien des cas. C'était pour ces basses classes le suprême honneur auquel elles pouvaient aspirer, et ceux qui avaient été élevés aux fonctions de *Seviri Augustales*, exercées en général pendant une année, constituaient un ordre intermédiaire entre la curie et la plèbe. Nous voyons par une inscription de notre Musée lapidaire de Lyon que les *Seviri Augustales* furent mis sur le même rang que l'ordre équestre dans une distribution publique faite par un certain Sextus Ligurius, qui célébrait ainsi son élévation au pontificat (2). D'ailleurs l'honneur attaché

(1) Porph. ad. Sat. III, liv. II, v. 281.
(2) De Boissieu, *Inscriptions de Lyon*, p. 159.
Remarque. — Il est difficile de préciser la place occupée au Palais-des-Arts par les diverses inscriptions mentionnées dans les

à l'Augustalité était largement compensé par les charges qu'elle entraînait, tellement qu'il fallut un jour le déclarer héréditaire, parce qu'il ne se trouvait plus personne pour le briguer.

A partir des empereurs chrétiens on ne trouve plus mention des *Augustales*; le culte rendu à la divinité impériale devait naturellement cesser avec le triomphe du christianisme; d'autre part, dans les cités, entre la curie abaissée et asservie et la plèbe il n'y avait plus de place pour un ordre intermédiaire.

Il nous a paru intéressant de nous arrêter à l'étude de ce collège des *Augustales*, bien qu'il ne présentât pas un caractère privé, parce qu'il n'est pas de corporation religieuse qui ait laissé dans les inscriptions plus de traces de son existence et ait joué un rôle plus important dans l'histoire des cités de l'empire romain.

§ 4. — **Collèges de soldats et vétérans.** — Nous avons vu dans le texte de Marcien que les collèges le plus sévèrement interdits étaient ceux formés entre soldats ou vétérans. Et cependant, malgré tout, ils se multiplièrent à un tel point que l'on ne saurait les négliger. Il en existait entre soldats dans les légions, entre vétérans, soit à Rome, soit dans les provinces, lorsque, après avoir quitté le service, les anciens légionnaires s'associaient pour conserver les relations que la vie des camps avait créées entre eux.

Sur l'emplacement qu'occupait à Lambèze, en

recueils épigraphiques, car de nombreux bouleversements ont rendu inexactes les indications qu'ils contiennent.

Numidie, la légion chargée de la défense de ce pays, on a trouvé les débris de nombreux monuments élevés par les collèges de soldats et officiers.

Souvent, nous l'avons vu, ils prenaient la forme de sociétés funéraires, mais les ressources de la caisse commune ne servaient pas seulement à la sépulture des associés; ainsi lorsque l'un d'entre eux avait reçu son congé on lui comptait une somme appelée *annularium* (1), à peu près équivalente à celle que l'on aurait dû payer pour ses funérailles, s'il était mort au service.

Pour ces associations comme pour beaucoup d'autres, si théoriquement une autorisation préalable était nécessaire, il arriva que l'autorité se vit contrainte de tolérer, dans tous les cas, leur existence, puis même en vint à les protéger. Ils se plaçaient sous la tutelle de l'empereur, ils ornaient leur lieu de réunion des images de la famille impériale (2).

A côté de pareilles corporations présentant un caractère très particulier, il est impossible d'énumérer toutes celles qui existaient à Rome en vertu soit d'une autorisation expresse, soit d'une tolérance passée en règle : — les collèges formés par les esclaves ou affranchis attachés aux grandes familles, ou par les hommes libres hôtes et clients des riches; l'innombrable variété de ceux qui peuplaient le palais impérial (3), hors de Rome et jusqu'aux extrémités de l'empire ceux que constituaient les citoyens romains que les besoins du commerce y entraînaient, par exemple un

(1) Renier, *Inscr. de l'Alg.*, 70.
(2) Renier, *Insc.*, nº 60.
(3) Corpus. Insc. Lat. 111, 6077.

collège des étrangers chez les Bataves (1), ou en
Espagne les associations des *habitants de la ville*
c'est à dire de Rome (*urbanorum*) (2). — Nous passons
aussi sous silence les collèges, ou plutôt les corps
d'apparitores, agents attachés aux divers magistrats
et qui se subdivisaient en *scribae, viatores, lictores,
accensi, praecones...* constituant tous des corporations
divisées en décuries, et soumises à la direction de
curatores choisis par l'empereur.

Nous arrivons enfin aux corporations d'ouvriers.

§ 5. — **Collèges d'artisans. — Ouvriers des manufactures de l'État. — Collèges chargés d'un service d'intérêt
public. — Collèges d'artisans libres.** — Les premiers
empereurs ne furent pas favorables à leur développement ; ils se souvenaient que ces associations avaient
participé aux troubles des guerres civiles, et ils les con-
sidéraient encore comme des éléments de discorde
dans l'État ; si Trajan fonde un collège de boulangers, il se refuse, comme nous le savons, à autoriser la
création d'une corporation d'intérêt général, et l'on se
rappelle que les motifs de sa décision étaient purement
politiques. — Ces craintes n'étaient pas justifiées. —
Ce n'est pas a dire pour cela que les collèges d'artisans
eussent alors la prudence de s'abstenir rigoureusement de tout ce qui pouvait éveiller les craintes du
pouvoir, et tout au moins dans les élections des magistrats municipaux ils usaient de leur influence
pour appuyer telle ou telle candidature. — Cela est

(1) Orelli, 178.
(2) Corpus Insc. Lat. 11. 3244, 2428.

parfaitement démontré par les curieuses inscriptions trouvées sur les murs de Pompeï : on peut y lire encore que les marchands de bois et les charretiers demandaient à leurs concitoyens d'élire Marcellinus (1); que les pêcheurs désiraient voir nommer comme édile M. Vettius (2), etc... etc... Mais dans les vœux modestement exprimés par ces associations d'artisans, il n'y a rien qui rappelle les anciennes luttes du forum dont le souvenir alarmait les empereurs. — Un moment devait donc venir où ces derniers oublieraient le passé, et où les corporations d'ouvriers se développeraient largement, si toutefois leur existence était nécessaire.

Or, lorsque nous constations l'état misérable des collèges d'artisans sous les rois et la république, nous signalions deux causes principales de cet état d'infériorité : la concurrence faite par le travail des esclaves, et le peu de développement de l'industrie à Rome. — Or, d'une part le nombre des esclaves commençait à diminuer, car avec la fin des grandes conquêtes la source même d'où ils provenaient, était tarie, et en outre les affranchissements se multipliaient à un tel point que le législateur devait les interdire hors de certaines limites. D'autre part le temps n'était plus où le travail domestique suffisait aux principaux besoins du citoyen romain, le goût du luxe s'était développé, et l'industrie avait pris des formes auparavant inconnues. — Les circonstances paraissaient donc favorables, et l'on aurait pu croire que l'artisan allait vivre librement du prix de son travail, que grâce

(1) Corpus J. L. IV. 485.
(2) Guarini, *Recherches à Pompeï*, p. 79.

à lui l'industrie nationale allait prospérer, et qu'une classe nouvelle intermédiaire entre l'aristocratie et la plèbe se constituerait peu à peu. — Or, que voyons-nous ?

Du jour où le pouvoir cesse de redouter les collèges d'ouvriers comme dangereux pour la tranquillité publique, et où il se rend compte des bienfaits qu'on peut en attendre, au lieu d'en laisser le développement s'effectuer librement, il intervient et exerce sur eux un contrôle rigoureux, veille à leur recrutement, et fait de ces corporations autant de services publics, où chacun aura sa place marquée, sa fonction déterminée, et dont il ne pourra sortir qu'avec l'agrément de l'autorité supérieure. Pourquoi cela ? — Est-ce à cause d'une fausse conception du rôle de l'État en ces matières, ou bien parce que la situation économique et sociale de l'empire romain rendait cette intervention nécessaire ?

Tout d'abord il est évident que la tendance générale des empereurs à réglementer toutes choses jusque dans les moindres détails, devait s'exercer en matière d'industrie ; les princes les plus prudents n'auraient pas estimé faire acte de sage politique en permettant aux ouvriers de s'associer ou de ne pas le faire suivant leur bon plaisir, de fonder aujourd'hui une corporation et d'en sortir aussitôt après, de la dissoudre quand ils le jugeaient convenable.

D'autre part cette ingérence du pouvoir était justifiée ou du moins excusée par l'état économique et social de Rome aux II° et III° siècle. Jamais le mépris inné du citoyen romain pour les arts manuels ne disparut complètement, et l'antique préjugé qui voyait une déchéance dans la pratique d'un métier subsistait encore. Quelles raisons aurait eu le prolétaire pour braver ces préjugés ? Ce n'était pas le besoin, car il était admis que les riches avaient le devoir de le nourrir, et la foule oisive qui peuplait Rome pouvait vivre sans souci du lendemain ; d'autres y songeaient pour elle. Or ce n'est pas contre un pareil état de choses existant depuis longtemps, que les empereurs, quelle que fût leur autorité, pouvaient réagir. Acceptant donc la situation qui leur était faite, ils estimèrent que l'État devait dans un certain nombre de cas se constituer producteur lui-même, et d'une manière générale réglementer le travail des artisans associés, afin que l'on pût répondre à toutes les exigences de ceux qu'il se chargeait de faire vivre.

A partir d'Adrien et d'Antonin, le pouvoir manifeste une certaine bienveillance pour ces corporations d'ouvriers auparavant proscrites ; Marc Aurèle leur accorde le droit de recevoir des legs (1). Alexandre Sévère les multiplie, leur concède diverses immunités, met à leur tête des défenseurs recrutés parmi leurs membres, et règle devant quels juges spéciaux elles devront comparaître. Mais en même temps il les soumet à une réglementation plus rigoureuse. Bientôt les artisans de tout métier sont réunis en corporations, qui jouissent d'une liberté d'autant moindre que leurs services sont considérés comme plus essentiels à l'intérêt public. Au milieu du III\ siècle, on peut encore assez nettement distinguer trois classes de collèges ouvriers : les premiers, qui sont dans une dépendance absolue de l'État, et travaillent dans les ateliers nationaux ; les seconds, qui sont soumis à un contrôle encore

(1) 20 D. 34, 5.

très sévère parce qu'ils sont chargés d'un service d'intérêt général, et fournissent en particulier les denrées nécessaires à la subsistance du peuple ; les derniers enfin, qui, sous le nom de corporations libres
n'échappèrent pas longtemps à l'asservissement uni-
versel.

Nous nous plaçons donc vers la fin du règne
d'Alexandre Sévère, à une époque où le système mis
en pratique par les empereurs n'est point encore aussi
exagéré qu'il le sera un jour.

Non seulement à Rome, mais dans tout l'empire,
les corporations sont nombreuses et puissantes ; la
Gaule, la plus florissante des provinces soumises, celle
qui s'était le plus heureusement approprié les institutions, les mœurs, les goûts du vainqueur, possédait
comme Rome elle-même les trois espèces de corporations dont il était question plus haut ; ainsi huit des
principales villes de Gaule avaient des manufactures
d'armes ; dans trois autres villes il existait des collèges
occupés de la frappe des monnaies. Lyon possédait le
principal d'entre eux. Dans cette même ville, les corporations *de Nautes*, que nous retrouverons plus tard,
devaient certainement, bien que dans une mesure
difficile à déterminer, leurs services à l'État pour le
transport des impôts en nature. Enfin dans toute cité
de quelque importance, chaque métier constituait une
corporation libre (1), pouvant porter ce nom à plus
juste titre que dans la capitale de l'empire. Les membres de ces collèges étaient honorés, et bien qu'ils

---

(1) Cependant, dans certaines villes secondaires plusieurs industries constituaient une même communauté avec les mêmes
chefs, la même administration, et les mêmes patrons.

dussent lutter contre la concurrence du travail servil, on ne considérait pas comme avilissante la pratique d'un art manuel ; d'ailleurs les esclaves étaient en moins grand nombre qu'en Italie, et l'activité du travailleur libre trouvait plus facilement à s'exercer. En considérant l'essor remarquable qu'avaient donc pris en Gaule les collèges d'artisans, on ne s'étonnera pas de trouver une mention spéciale accordée parfois à ceux dont les monuments épigraphiques nous révèlent l'existence dans notre pays, et particulièrement à Lyon. Cette ville devait sa grande importance commerciale à sa situation au confluent de deux fleuves ; ces voies naturelles, et les grandes routes créées par Auguste lui apportaient le tribut des provinces du nord et du centre, et en faisait un vaste entrepôt. Cependant c'est sous le premier et non sous le second des Sévères qu'elle avait atteint sa plus haute prospérité ; mise à sac par les soldats de Septime Sévère, elle ne reconquit jamais son ancienne splendeur. On trouve donc à Rome et dans les provinces trois classes de collèges d'artisans :

1° Ouvriers des manufactures de l'État.

On est étonné de la multiplicité des industries pratiquées par l'État. Il était naturel qu'il eût des ateliers pour faire forger les armes, pour la frappe des monnaies, des collèges pour l'exploitation des mines et des salines, mais en outre il faisait fabriquer des objets d'orfèvrerie par les corporations des *aurarii*, *argentarii*, pêcher le murex par les *murileguli*, et teindre les étoffes de pourpre ; il possédait jusqu'en Gaule des ateliers pour le tissage des étoffes de prix. Industriel et commerçant, il punissait de peines sévères ceux qui ne respectaient pas les monopoles qu'il créait à son profit.

Les ateliers de l'État étaient composés d'esclaves, d'affranchis, et même d'hommes libres qui se soumettaient volontairement à ce triste esclavage; marqués au fer rouge (1), leur existence entière se passait dès lors au service de la manufacture; « in sua semper conditione durare oportet, nec dignitatis cujuscumque privilegio ab hujusmodi conditione liberari (2). » La femme qui en faisait partie ne pouvait pas se marier avec un étranger, et la femme étrangère qui épousait l'un de ces ouvriers partageait son sort (3).

Les empereurs eurent souvent à réprimer les terribles révoltes de ces misérables : les *monetarii*, sous la conduite de l'un des leurs, Felicissimus, firent trembler Aurélien (4) et ne furent réduits qu'après une bataille où cinq mille légionnaires trouvèrent la mort.

Ces premières corporations étaient administrées par un fonctionnaire de l'État et ne jouissaient d'aucune autonomie.

2° *Collèges nécessaires à la subsistance du peuple, ou chargés de quelque autre service d'intérêt public.*

Le titre même de ce paragraphe fait comprendre de quelles associations il s'agit ici. Nous savons que l'on considéra, à partir d'une certaine époque, comme un devoir pour l'État de nourrir les oisifs, foule innombrable que grossissaient chaque jour les affranchissements multipliés et l'immigration à Rome des paysans

---

(1) 10. C. J. 11, 42.
(2) 1 et 8. C. J. 11, 7.
(3) 3 et 7. C. J. 11, 7.
(4) Vopisc. *Aurel.* 38.

4

qui désertaient leurs champs. Aussi les distributions publiques d'abord irrégulières, puis revenant
à époque déterminée dès l'an 123 av. J.-C., absolument gratuites depuis 58 av. J.-C., enfin quoti-
diennes, constituaient une question d'un suprême
intérêt pour le maintien de la paix intérieure. On
donnait au peuple non seulement du froment ou du
pain, mais aussi de la viande (1), parfois même de
l'argent. Auguste, Tibère, Trajan, Adrien, distribuè-
rent ainsi des sommes considérables, et Marc Aurèle,
pendant toute la durée de son règne, multiplia tellement ces libéralités que chaque citoyen reçut l'équivalent de 1,250 francs par tête.

Mais pour nous en tenir aux distributions de froment ou de pain, les plus ordinaires, considérons par
quelles mains passait le blé depuis le moment où il
était expédié des colonies, jusqu'à celui où il était
donné au peuple sous forme de pain.

Il était transporté jusqu'à Ostie par les *navicularii,*
qui constituaient la plus importante des corporations
dont nous parlons ; ses membres, parmi lesquels se
trouvaient des citoyens haut placés, étaient comblés
d'honneurs, et bénéficiaient de rares privilèges, mais
tout cela n'était qu'une faible compensation des
charges qui pesaient sur eux. L'État déterminait
exactement la contenance des navires chargés du
transport, le temps nécessaire pour effectuer le
voyage ; il était interdit aux *navicularii* de séjourner
plus d'un certain nombre de jours dans les ports de
relâche ; leur itinéraire était tracé ; les cas d'avarie
survenues à la marchandise étaient prévus, et la

(1) Vopisc., *Aurel.*, 35.

moitié de l'équipage pouvait être mise à la torture si le maître prétendait que le dommage provenait de force majeure (1).

La corporation des *caudicarii* devait conduire le froment d'Ostie à Rome ; là il était débarqué par les *saccarii*, qui jouissaient d'un véritable monopole ; des magasins où il était déposé, le blé était enfin remis aux *pistores* qui cumulaient les fonctions de meuniers et de boulangers ; nous verrons qu'ils étaient soumis à une règlementation rigoureuse.

Les *suarii, boarii, pecuarii*, étaient chargés d'approvisionner Rome des animaux dont la chair faisait partie des distributions gratuites.

A côté de ces collèges qui étaient véritablement chargés de services publics, il y en avait dans les provinces qui présentaient pour ainsi dire un caractère mixte : leurs membres exerçaient comme simples particuliers un commerce ou une industrie, mais ils étaient en outre chargés par l'État de certaines fonctions spéciales.

Tels étaient à Lyon les *Nautes*, qui étaient bateliers pour leur propre compte, mais remplaçaient aussi pour les transports que l'État avait à effectuer, les *navicularii* de la Méditerranée et de l'Adriatique. Ils n'étaient sans doute pas soumis aux prescriptions rigoureuses que le Code Théodorien édictait pour les *navicularii* (liv. XIII, tit. 5), mais ils devaient fournir des services analogues aux leurs, et obéir aux *praefecti classium*, agents nommés par l'empereur.

Ils occupaient une grande situation, et leur collège primait les autres corporations ; les plus hauts per-

(1) 2 C., *Th.*, 13, 9.

sonnages s'honoraient d'être comptés parmi léurs patrons, et la curie de Nimes leur avait réservé quarante places dans l'amphithéâtre de cette ville.

On comptait à Lyon trois collèges de nautes : celui des *nautae ararici,* des *nautae rhodanici,* et enfin des *nautae rhodanici* et *ararici,* distinct des deux premiers, bien que l'on ignore s'il existait en même temps qu'eux, ou s'il avait été constitué par leur fusion.

Nous trouvons comme second exemple de collèges entretenant avec l'État des relations constantes celui des *négociants cisalpins et transalpins ;* la découverte faite en 1884, dans le lit du Rhône, d'une épitaphe relative à un certain M. Sennius Metilius, préfet de cette corporation, a récemment attiré l'attention des savants sur elle (1); le titre de *praefectus* que porte Sennius Metilius implique chez ce dernier la qualité d'agent impérial ; les négociants, dont il était le chef, étaient chargés de concourir à l'approvisionnement de Rome en blé, et sans doute aussi en bois de construction ; ceci expliquerait parfaitement pourquoi Metilius exerçait la profession de *tignarius* (charpentier-entrepreneur).

Les collèges créés dans la plupart des grandes villes (2) pour éteindre les incendies, semblables à celui que Pline demandait l'autorisation de fonder à Nicomédie, étaient donc investis de fonctions d'intérêt public, et cependant ils étaient composés non d'agents de l'État, mais de simples ouvriers exerçant

(1) *Rev. épig. du Midi,* n⁰ 31, p. 67 et seq.
(2) Il en existait un à Lyon, ainsi que le prouve une inscription trouvée lors de la démolition de l'ancien pont du Change (de Boissieu, p. 411).

des métiers divers pour gagner leur vie. Ces corporations, que l'on désigne généralement sous le nom de
collegia fabrorum, étaient souvent formées de la
réunion de ces derniers, des *centonarii*, des *dendrophori*, et parfois des *tignarii*. Les *centonarii* d'une
part étaient fabricants de centons, étoffes grossières
servant aux usages les plus divers, et d'autre part
étaient chargés de s'en servir dans les incendies. Les
dendrophores constituaient l'un des collèges que nous
trouvons le plus souvent mentionnés dans les inscriptions ; ils étaient unis à l'État par de doubles liens :
comme corporation industrielle, ils étaient chargés de
la coupe et de la fourniture du bois nécessaire aux
services publics, et étaient adjoints aux *fabri*, en cas
d'incendie ; et comme confrérie religieuse ils devaient
entretenir le culte de Cybèle. L'empereur Constantin
érigea en règle générale la fusion des *fabri*, des *centonarii* et des *dendrophori*.

On ne peut songer à donner une énumération complète des collèges analogues à ceux dont nous venons
de parler. D'une manière générale ils étaient soumis
à un contrôle sévère de la part de l'État, et chez certains d'entre eux la réglementation devint telle que
le sort de leurs membres n'était guère plus enviable
que celui des ouvriers employés dans les manufactures
impériales. Ainsi, pour les *pistores* on admit à l'origine que, quand l'un d'entre eux voulait se retirer, il
suffisait qu'il fît abandon des biens affectés au fonds
commercial ; ceux-ci appartenaient à la corporation,
et les membres de cette dernière ne pouvaient disposer librement que de ceux faisant partie de leur
fortune propre. Mais du moins la personne du *pistor*
demeurait libre, et il pouvait s'en aller à son gré.

Bientôt il ne put le faire qu'en fournissant un remplaçant qui fût agréé de la corporation ; son fils lui succédait à sa mort, et s'il était trop jeune, on devait trouver quelqu'un qui occupât sa place jusqu'à l'époque de sa majorité (1). Enfin, le recrutement de ce collège, ainsi que de tant d'autres, devint si difficile que l'on en vint à condamner à la boulangerie comme l'on condamnait aux mines et aux salines.

3° Collèges d'artisans libres.

On sait donc qu'il ne faut pas prendre dans leur sens rigoureux les mots d'artisans libres, car à la fin de l'empire tout au moins ces derniers constituaient des corporations qui n'étaient guère moins asservies que les autres. Du moins elles avaient encore un droit que ne possédèrent jamais les collèges organisés par l'État, celui de régler comme elles l'entendaient les détails de leur organisation intérieure.

Pour leur permettre de supporter l'esclavage auquel le pouvoir finit par les soumettre, on accordait à ces artisans quelques immunités, bien illusoires pour la plupart, car pouvait-on moins faire, du moment où on prenait tout leur temps dans la corporation ? C'est ainsi qu'ils devaient forcément être dispensés du service militaire, des charges municipales proprement dites, de la tutelle des personnes étrangères au collège.

De lourds impôts pesaient sur le commerce et l'industrie. — Caligula avait créé, sous le nom de *vectigal artium*, une taxe frappant certains métiers. Alexandre Sévère généralisa la mesure. Constantin créa le *chrysargire*, véritable impôt de répartition que payaient les négociants suivant des tableaux dressés

(1) 3. C. Th. 14, 3.

par des syndics qu'ils nommaient eux-mêmes. Seuls quelques collèges, tels que les naviculaires, étaient exemptés de ces obligations.

Malgré tout, le travail des corporations ne suffisait pas aux besoins du public; les salaires étaient très élevés, le prix de toute chose renchérissait. Dioclétien essaya d'y remédier en rendant son édit sur le maximum, qui réglait la valeur de chaque marchandise ou service, jusqu'à la rétribution due au barbier, jusqu'au prix de la paire de souliers pour paysan. Malgré la sanction terrible qui aurait dû garantir l'observation de la loi, bien que l'on n'ait pas hésité à mettre à mort ceux qui ne se soumettaient pas à l'édit, celui-ci fut constamment violé, et bientôt on ne l'appliqua plus.

Pour arrêter la décadence irrémédiable, les empereurs exagéraient toujours plus le système suivi depuis les Antonins; aussi l'ouvrier fuyait-il sa corporation et cherchait-il un asile jusque parmi les esclaves; on le ramenait de force au travail, on enrégimentait tous ceux qui possédaient les connaissances nécessaires à l'exercice d'un métier.

Essayer de nommer les divers collèges qui composent notre troisième classe contraindrait à passer en revue toutes les formes de l'industrie sous l'empire; ce serait là une énumération inutile et fastidieuse, si l'on songe que bien peu de métiers s'exerçaient hors des corporations : médecins, mimes et comédiens en constituaient tout comme les véritables artisans.

Chacun était avec une égale sévérité maintenu dans son collège, et l'on n'autorisait plus, comme sous les premiers empereurs, les artisans à admettre dans leurs corporations des individus étrangers au métier qu'ils pratiquaient. Cette différence montre nettement la transformation subie par les corps d'ouvriers.

A l'origine, on s'associe en partie dans un but industriel, pour défendre les intérêts communs à tous les artisans du métier, mais on le fait surtout pour entretenir avec eux des relations amicales, pour vivre plus heureux aussi bien que plus puissant. Aussi, lorsque des raisons de voisinage ou de quelqu'autre nature engageaient un individu pratiquant une industrie différente à faire partie de la corporation, on l'admettait parfois. Les inscriptions de Lyon nous fournissent de curieux exemples de ce fait : dans certains cas, il est très explicable, sinon très licite, que la même personne fasse partie de plusieurs collèges, si les fonctions qu'elle exerce la font entrer en relations fréquentes avec ceux qui les composent ou si elle-même pratique divers métiers : tel par exemple le *sevir augustalis* Sentius Regulianus, à la fois marchand d'huile (*diffusor olearius*), marchand de vin (*negociator vinarius*), et aussi naute de la Saône (1). Mais qu'un fabricant de toile (*lintearius*) fasse partie du collège des utriculaires (2), qu'un marchand de salaisons fasse partie de celui des charpentiers (3), c'est ce que l'on ne saurait expliquer par les mêmes raisons ; et le fait ne se peut comprendre qu'en considérant le caractère des associations d'artisans au IIe siècle et en Gaule, c'est-à-dire à une époque et dans un pays où elles jouissaient encore d'une certaine liberté.

Ces faits ne se reproduisirent plus lorsque les travailleurs de toute sorte furent servilement attachés à la corporation des gens de leur métier et lorsqu'on appliqua rigoureusement la règle qui défendait à un même individu de faire partie de plusieurs collèges.

(1) Gruter, 466, 7.
(2) De Boissieu, 409.
(3) De Boissieu, 204.

DEUXIÈME PARTIE

Chapitre unique

Après avoir, dans la première partie de ce travail, parcouru les diverses phases de l'histoire des corporations à Rome et parlé du rôle qu'elles ont joué au point de vue économique, politique et religieux, nous devons maintenant les considérer comme personnes juridiques, expliquer d'abord ce que l'on entend par là, dire pourquoi, quand et à quelles conditions la personnalité juridique leur fut accordée, tracer à grands traits le tableau de leur organisation et des distinctions existantes entre leurs membres, étudier leur capacité juridique et leur fin.

Les détails que l'on peut fournir à ces divers points de vue ne s'appliquent pas indifféremment à toutes les corporations dans tous les temps et sous toutes les formes. Il en est qui sont spéciaux à certaines d'entre elles, inapplicables à d'autres.

Mais cependant si l'on excepte les collèges officiels tels que les grands corps sacerdotaux, on remarque que l'organisation des corporations privées en général est sensiblement la même, aussi bien dans celles où l'on est reçu à cause du métier que l'on exerce que dans les autres, suivant une distinction empruntée au Digeste (1). Par suite, si l'on fait abstraction de certaines diversités de détail, et si l'on a soin d'indiquer

(1) 1. 5. 12. D. L. 6.

les traits spéciaux à quelques collèges, on peut tracer un tableau qui, dans ses lignes essentielles, représente avec exactitude leur constitution en général.

SECTION I. — *Des collèges personnes juridiques.*

Au point de vue du droit, les corporations constituèrent un jour des personnes juridiques, êtres de pure raison, sans réalité physique, et jouissant d'une capacité artificielle qui leur permit de posséder, d'être propriétaires, d'ester en justice, en un mot de se comporter comme une personne réelle dans un grand nombre de cas.

§ 1. — **De la personnalité juridique.** — Aujourd'hui cette expression de personne juridique ou de personne morale éveille des idées assez nettes même dans l'esprit des personnes étrangères à la science du droit, car la multiplicité de ces êtres fictifs, le rôle important qu'ils jouent dans les relations sociales, la fréquence des rapports que l'on entretient avec eux, en font comprendre la nécessité et la nature. Mais, dans le premier état du droit romain, il n'en était pas ainsi.

Ce qui caractérise la personne juridique, c'est qu'elle a une existence distincte de celle des membres qui la composent; ils peuvent tous disparaître et se trouver remplacés par d'autres, la personne juridique demeure identique à ce qu'elle était auparavant; le jour où il n'en restera plus qu'un, l'existence de l'*universitas* sera encore distincte de celle de cet individu, bien qu'il puisse exercer les actions de la personne juridique et subir celles dont elle est tenue (7.2. D. quod cuj. univ. III, 4.) Elle a des droits et est soumise à des obligations qui ne se confondent pas davantage avec ceux de ces mêmes membres ; et ceci quel que soit le but poursuivi par elle ; en admettant même qu'elle n'agisse que dans l'intérêt de ceux qui la composent, et qu'en fait ceux-ci soient les véritables créanciers ou débiteurs, peu importe, car, en droit, elle seule est créancière ou débitrice, elle seule peut être poursuivie par les tiers, ou réclamer l'exécution des engagements qu'ils ont contractés. « Si quid universitati debetur, « singulis non debetur, nec quod debet universitas « singuli debent (7. 1. D. quod. cuj. univ). »

§ 2. — **Des diverses personnes juridiques à Rome.** — A quel moment la personnalité juridique fut-elle accordée aux corporations ? — Cet être immatériel ne doit pas avoir place dans les premières institutions juridiques des peuples. La conception ne s'en dégage nettement que le jour où les faits ont montré sa nécessité ; mais, au début, les seuls sujets du droit sont les êtres physiques, réellement existants.

On peut donc affirmer, que pendant une première période la notion de la personnalité juridique fut étrangère à l'esprit des Romains, car l'expérience n'avait pas encore prouvé qu'elle fût nécessaire. Il est cependant une personne morale à laquelle ce que nous venons de dire ne s'applique pas ; il s'agit de l'État. Aussi voyons-nous que, même sous le système des actions de la loi, l'État, le peuple romain, a le droit de se faire représenter en justice, ce qui implique qu'il possède un patrimoine propre. « Quo tempore erant

« legis actiones, in usu fuit alterius nomine agere
« non licere nisi pro populo » (1).

Mais si l'on excepte l'État et bientôt après les municipes, existait-il à l'origine des associations jouant
dans la cité un rôle assez important et ayant, en même
temps, assez besoin de jouir des avantages que procure la personnalité juridique, pour que le législateur
se sentît contraint de la leur accorder ?

D'une part, nous voyons les collèges de prêtres
affectés au service d'un temple ; ils dépendaient de
l'État et étaient entretenus par lui. A quoi leur eût
servi la capacité juridique, et la conséquence principale qu'elle entraîne, le droit d'avoir un patrimoine
distinct ? Si de simples particuliers voulaient affecter
à l'entretien d'un culte un bien quelconque, il suffisait
de lui faire attribuer par une *dedicatio* solennelle, pré-
cédée d'une autorisation du Sénat s'il s'agissait d'immeubles, le caractère de *res sacra ;* il ne passait pas
dans le patrimoine du collège, mais ce dernier pouvait jouir du bien mis ainsi hors du commerce. On
pouvait encore, vis-à-vis des temples comme vis-à-vis
des villes, s'engager par des vœux, promesses
spontanées et unilatérales, qui, contrairement aux
règles du droit commun, obligeaient celui qui les avait
faites, sans que la personne qui devenait créancière
dût stipuler et fût, par suite, dans la nécessité d'avoir
la personnalité juridique.

Les *sodalitates* privées n'étaient, à l'origine du moins,
constituées que des membres d'une même famille ou
d'une même *gens* qui se réunissaient pour rendre un
culte à leur dieu protecteur. De quelle utilité eût été

(1) Gaius, *Inst.* IV, 82.

la personnalité juridique pour de telles associations ?

Les *collèges d'artisans* enfin n'en avaient pas un plus grand besoin pendant les premiers siècles de Rome : peu nombreux, peu prospères, organisés de la façon la plus simple, ils tenaient une trop petite place dans la cité pour qu'il leur fût nécessaire d'obtenir la capacité juridique.

Mais un jour il devint, au contraire, urgent de l'accorder aux associations de toute sorte dont l'importance s'imposait à chacun ; mais alors on se heurta au caractère formaliste du droit romain. Il ne suffisait pas, en effet, de concéder la personnalité civile aux associations religieuses et ouvrières, il fallait donner à ces êtres fictifs dont on admettait l'existence la possibilité d'agir en justice, de posséder, d'acquérir. Or, leur nature abstraite ou idéale les empêchait de se présenter devant le juge ou de détenir matériellement l'objet dont ils voulaient, par exemple, acquérir la possession. Il fallait donc admettre que d'autres pussent faire ces actes à leur place, les représenter. Mais la théorie de la représentation, au sens que nous donnons aujourd'hui à ce mot, ne fut admise à Rome que très tard ; longtemps les jurisconsultes s'y montrèrent hostiles et il fallut encore que l'expérience prouvât son utilité pour qu'on se décidât à l'accepter. Les personnes juridiques n'eurent véritablement la capacité légale que du jour où l'on admit que des mandataires libres pouvaient agir pour elles.

En exceptant l'État dont la personnalité avait été reconnue de tout temps, les cités, les municipes furent les premiers auxquels on l'accorda. Ils eurent de bonne heure des esclaves publics (3, C. J. de serv. reip.

VII, 9). Mais pouvaient-ils être représentés en justice ? et lorsque Gaius, dans le texte cité plus haut, disait qu'au temps des actions de la loi on autorisait la représentation *pro populo*, songeait-il non seulement à l'État, mais aussi aux municipes ? Nous ne pouvons que signaler, en passant, cette question que nous retrouverons en nous occupant de la représentation en justice des collèges.

§ 3. — **Des conditions requises pour l'acquisition de la personnalité juridique par les collèges.** — Du jour où l'on reconnut enfin aux corporations religieuses industrielles ou politiques la personnalité juridique, on subordonna cette concession à certaines conditions.

Tout d'abord il fallut obtenir, en règle générale, une autorisation préalable.

M. de Savigny justifie parfaitement cette règle (1) : « L'homme, dit-il, par le seul fait de son apparition corporelle proclame son titre à la capacité du droit. — A ce signe visible chaque homme, chaque juge sait les droits qu'il doit reconnaître, les droits qu'il doit protéger. Quand la capacité naturelle de l'homme est étendue fictivement à un être idéal, ce signe visible manque et la volonté de l'autorité suprême peut seule y suppléer en créant des sujets artificiels du droit ; abandonner cette faculté aux volontés individuelles, ce serait infailliblement jeter sur l'état du droit une grande incertitude, sans parler des abus que pourraient entraîner des volontés frauduleuses. »

Cette autorisation nécessaire devait-elle être accompagnée d'une décision conférant en termes exprès

(1) Traité de dr. rom, 2, p. 271.

la capacité juridique, ou le pouvoir, en donnant à la corporation l'existence même, lui confiait-il tacitement la capacité légale ? — Les deux choses peuvent parfaitement être distinguées ; elles le sont dans notre droit, mais en était-il ainsi à Rome ?

Pour le soutenir (1) on s'est fondé sur un texte de Gaius (2) où il est dit que le droit de propriété n'est accordé qu'aux corporations « quibus est permissum *corpus habere* ». — Mais prétendre que ces deux derniers mots correspondent exactement à notre expression française « *avoir la personnalité juridique*, c'est interpréter trop étroitement le texte. — Gaius veut simplement dire que seuls peuvent acquérir, et jouir des autres attibuts de la personnalité morale, les collèges auxquels il était permis d'être, on traduirait même littéralement, *d'avoir corps*, s'il s'agissait d'une personne physique.

Dans le système qui défend cette seconde interprétation du texte de Gaius, on peut invoquer la loi 1. au Digeste de manumiss quae ser. XL. 3. Elle nous dit que les collèges qui ont obtenu l'autorisation nécessaire pour se constituer. (« le *jus coeundi* ») peuvent affranchir leurs esclaves, c'est-à-dire faire acte de personne juridique, puisque la faculté d'affranchir suppose chez ceux qui l'exercent la propriété des dits esclaves.

Enfin cette distinction entre l'existence légale et la capacité juridique est essentiellement moderne ; elle ne pouvait exister à une époque où les éléments constitutifs de la personnalité morale n'étaient pas encore

(1) *Revue de législation* 1876, p. 93.
(2) 1, 1. D. M. 4.

bien nettement dégagés, et chez un peuple où cette même personnalité n'était accordée qu'après un examen sérieux de la part de l'autorité compétente.

Lorsqu'une corporation qui n'était pas exceptée de la règle générale se fondait sans l'autorisation nécessaire, les individus coupables de cette contravention aux lois devaient en théorie être rigoureusement punis : le collège une fois supprimé par le Sénat ou l'empereur, tout citoyen pouvait aux termes d'un rescrit de Sévère citer les associés devant le préfet de la ville (1). — Ils pouvaient être poursuivis comme coupables de lèse-majesté, ce qui entraînait la peine de mort (2). — D'ailleurs, dans la plupart des cas, les fondateurs du collège, plus imprudents que coupables, devaient seulement se séparer et reprendre leurs biens.

Il fallait, en second lieu, pour qu'une corporation fût valablement créée, qu'elle se composât de trois membres au moins (3). La loi qui fixait un minimum n'indiquait aucun maximum ; c'était au pouvoir compétent pour donner l'autorisation préalable qu'il appartenait de juger s'il était nécessaire de suppléer au silence de la loi. — Dans les corporations d'artisans chargées d'un service public, le nombre des associés était parfois limité ; ainsi les boulangers ne pouvaient pas dépasser au certain nombre (4).

Enfin il fallait à la corporation une *causa perpetua*, c'est-à-dire qu'elle devait être fondée pour une fin dont l'intérêt fût permanent. C'est le caractère qui

(1) 1. 14. D. 1. 12.
(2) 1. D. ad leg. Jul. maj. ; Paul. sent. V, XIX. 1.
(3) 85 D. de verb. signific.
(4) 46. pr. D. XXVII. I.

distingue la corporation de la société privée : « Nulla societatis in æternum coitio est (1). »

Il faut cependant remarquer que l'on appelait parfois du nom de sociétés des entreprises qui avaient pourtant ce caractère de permanence exigée pour les collèges ; telles étaient les sociétés vectigaliennes.

SECTION II. — *Organisation interne des corporations.*

§ 1. — **Du Règlement.** — Le premier soin des fondateurs d'une corporation lorsqu'ils avaient obtenu l'autorisation nécessaire était de se donner un règlement.

En principe la plus grande liberté leur était laissée sur ce point. La loi des XII tables, qui autorisait l'exercice du droit d'association, permettait aux membres de la corporation d'adopter telles règles d'organisation intérieure qui leur plaisaient, avec cette seule réserve qu'ils ne devaient violer aucune disposition d'ordre public. — Mais, ce qui est plus remarquable, lorsque plus tard on soumit les fondateurs d'un collège à l'obligation d'obtenir une autorisation préalable, on leur laissa pourtant en règle générale liberté complète pour rédiger leurs statuts. Aussi trouve-t-on, en tête de l'un de ces règlements qui nous est parvenu, ces mots : « *Placuit universis.* »

D'ailleurs la règle n'était pas sans exception, et dans certains cas particuliers le pouvoir intervenait dans la rédaction des statuts. S'agissait-il de l'une de ces corporations industrielles dont les liens avec l'État devinrent tous les jours plus étroits, l'autorité, on s'en

(1) 70. D. pro socio XVII. 2.

souvient, déterminait avec un soin minutieux beaucoup de détails qui étaient en général laissés à la libre appréciation des fondateurs : elle fixait parfois la quotité exacte de la rémunération à laquelle pouvaient prétendre telles ou telles corporations pour prix de leurs services, et allait même jusqu'à exercer un contrôle sur la manière dont elles s'administraient.

Les unes et les autres devaient toujours, cela va sans dire, respecter les règles d'ordre public ; les consuls et les questeurs à l'origine, le préfet de la ville à partir d'une certaine époque devaient en assurer l'obéissance.

Le règlement des corporations était le plus souvent imité des lois qui régissaient les municipes.

Il était approuvé par tous, après accomplissement de cérémonies religieuses, et parfois même la signature était donnée dans le temple où elles avaient été célébrées (1).

Les statuts devenaient dès lors obligatoires, et tout nouvel associé devait y donner son adhésion : « Toi qui veux entrer dans cette corporation, dit l'un de ces règlements, lis d'abord cette loi avec soin, et n'entre qu'après l'avoir fait, c'est le moyen de n'avoir pas lieu de te plaindre plus tard (2). »

§ 2. — Des membres composant le collège. — Règles de leur recrutement. — Distinctions existantes entre eux. — On dressait une liste officielle de tous les membres du collège ; elle s'appelait « *l'album* », et devait être révisée à époque périodique. Un certain nombre de

(1) Orelli, 2417.
(2) Orelli, 6086.

ces *albums* nous ont été conservés et nous fournissent de précieux renseignements sur les distinctions existantes entre les individus qui composaient la corporation, depuis les fonctionnaires supérieurs (*magistri, quinquennales*) jusqu'aux associés les plus infimes, tous rangés suivant l'ordre d'une hiérarchie scrupuleusement observée.

La corporation une fois constituée, où trouvait-elle de nouveaux adhérents pour combler les vides qui se faisaient parmi ses membres, et à quelles conditions était soumise leur admission ?

A l'origine les adhésions volontaires étaient assez nombreuses pour que le recrutement des collèges fût assuré de la sorte. Pour être admis il fallait remplir plusieurs conditions :

1° Il fallait tout d'abord que le candidat ne fît pas déjà partie d'une autre corporation.

A l'origine cette règle se trouvait écrite dans quelques statuts : on estimait que les biens d'un individu admis dans une corporation étaient pour ainsi dire affectés au service de celle-ci, qu'elle avait sur eux un véritable droit, et qu'un nouveau collège ne pouvait prétendre en acquérir un semblable.

Marc Aurèle érigea en règle impérative cette disposition particulière (1) ; le motif de cette mesure était exclusivement politique : on se rappelle en effet que Marc Aurèle, favorable jusqu'à un certain point au développement des corps de métier, n'était pas exempt de toute crainte à leur endroit ; il redoutait comme ses prédécesseurs qu'ils ne fussent dans l'État une occasion de trouble et de sédition ; or, n'était-il pas

(1) 1. 2. D XLVII. 22.

prudent d'empêcher que des relations trop faciles s'établissent entre les diverses corporations, et l'empereur ne devait-il pas dans ce but interdire aux mêmes individus de s'associer à plusieurs d'entre elles? N'était-il pas à craindre que reliées les unes aux autres elles ne créassent un réseau immense, une coalition permanente?

D'ailleurs la règle édictée par Marc Aurèle fut souvent violée, surtout dans les provinces, où l'on ne put pas en exiger l'observation stricte.

On se souvient que les inscriptions de Lyon fournissent plusieurs exemples de personnes faisant partie de divers collèges à la fois.

2° Comme seconde condition, il fallait que le collège consulté consentît à l'admission du nouveau membre. Les conditions de majorité requise étaient en général déterminées par le règlement lui-même.

3° Il fallait en outre faire un versement, et s'engager à payer une cotisation périodique, en général mensuelle, dont la quotité variait suivant l'importance des collèges. On peut s'étonner de voir les *cultores Dianae et Antinoï*, petites gens peu fortunées, contraintes cependant à réunir la somme de 100 sesterces, sans compter la bouteille de bon vin, dont l'apport leur était imposé (1). Parfois on dispensait de tout versement quelque candidat privilégié, et c'était là un honneur dont on se vantait hautement; aussi les inscriptions funéraires, après avoir indiqué de quel collège le défunt faisait partie, ajoutaient dans ce cas qu'il avait été *immunis receptus*.

(1) Boissier, *La religion romaine, d'Auguste aux Antonins*. 2° vol., p. 309.

Si quelques corporations fondées dans un but religieux, ou simplement pour entretenir entre leurs membres des relations amicales, se recrutèrent toujours librement, et suivant les règles précédemment exposées, il en était d'autres composées d'artisans, dont les charges devinrent si pesantes qu'il ne se trouva plus personne pour demander à en faire partie; il fallut alors recourir à la contrainte pour combler les vides qui se produisaient dans leurs rangs. La qualité de *collegiatus* se transmit héréditairement, s'acquit par le mariage avec la fille d'un membre de la corporation ; une décision du prince suffisait à l'imposer ; enfin on fut condamné aux corporations comme on l'était aux mines.

Si l'on recherche les distinctions existantes entre les divers membres des collèges, on constate qu'il y avait d'abord entre eux des différences de condition et d'origine. Nous avons déjà eu l'occasion de remarquer qu'il se trouvait dans les corporations en général et surtout dans certaines d'entres elles, telles que les *sodalitates* privées, ou les collèges funéraires, des individus appartenant à des situations très diverses, jusqu'à des esclaves, qui vivaient dans l'intimité d'hommes libres, et jouissaient dans l'association des mêmes droits que ces derniers. En principe, les plus humbles pouvaient être élevés aux premières dignités, et si les riches seuls étaient choisis, c'est que seuls aussi ils pouvaient subvenir aux dépenses qu'il leur fallait faire lorsqu'ils étaient en charge. Malgré cette égalité théorique de droit, on a également remarqué que les différences de condition entre les *collegiati* étaient parfaitement reconnues et constatées à l'occasion ; c'est ainsi que dans les divers « *albums* » qui nous sont parvenus, on les reproduit ; après les magistrats sont nommés les hommes libres et ingénus, puis les affranchis, enfin les esclaves (1), s'il en est.

On distinguait encore les membres d'une corporation en actifs et honoraires ; les premiers seuls contribuaient aux charges, et devaient un apport.

Enfin il faut parler spécialement de ceux qui avaient mission d'administrer le collège. Comment se nommaient-ils ? Quels étaient leurs fonctions et leurs pouvoirs ? Une remarque générale qui doit dominer l'étude de la constitution interne des corporations est l'analogie qu'elles présentaient avec les municipes. Cette analogie est particulièrement frappante en ce qui concerne leurs administrateurs. Comme dans les municipes ils constituaient *l'ordo*, par opposition aux membres sans fonction qui formaient la *plebs* (2). Le lieu où ils 1e réunissaient prenait même parfois le nom de curie (3).

Il ne faut pas s'occuper des administrateurs dans les corporations qui dépendaient de l'État, telles que celles des fabricants d'armes ; il se trouvait à leur tête de véritables fonctionnaires appelés *praefecti, primates*, etc.

Dans les collèges indépendants, les mandataires chargés de représenter la personne morale en justice et d'une manière générale dans les rapports avec les tiers s'appelaient *syndici* ou *actores*. Les *magistri* étaient préposés à l'administration intérieure ; à côté d'eux, et avec un rôle moins important, les *decuriones*,

---

(1) Corpus Insc lat. 1, 1181, 1406.
(2) Orelli, 4054.
(3) Mommsen, *De coll. et sod.*, chap. VI, § 17.

dont l'existence impliquait la subdivision en décuries de certaines corporations particulièrement nombreuses. Les *curatores* étaient, comme dans les cités, plus spécialement chargés de l'administration des deniers communs. Ils étaient secondés par les *quaestores* et contrôlés par les *qninquennales,* élus en général pour cinq ans, ainsi que l'indique leur nom.

La qualité de haut dignitaire dans les corporations les plus importantes procurait divers avantages, le titre de comte accordé par l'État, ou, privilège plus précieux encore, la faculté de ne plus compter parmi les membres du collège lorsqu'on était sorti de fonction.

Les pouvoirs de ces administrateurs étaient déterminés par le règlement, et ceux qui le votaient étaient donc seuls juges des meilleures mesures à prendre pour sauvegarder leurs propres intérêts. La corporation était responsable des actes de ses mandataires, et l'on ne saurait, il nous semble, admettre qu'elle eût la ressource de *l'in integrum restitutio* en cas de gestion infidèle ou maladroite ; la question a pu être controversée, car la cité jouissait parfois d'un pareil privilège (1), mais un simple argument d'analogie ne saurait faire conclure à l'affirmative.

En règle générale, les statuts pouvaient contenir telles dispositions qui convenaient aux associés, relativement à l'aliénation des biens même immobiliers ; tandis que pour les municipes (2) les empereurs avaient édicté certaines règles destinées à prévenir des actes imprudents de leurs administrateurs, les corpora-

(1) 9. D. XLIX. 1.
(2) 3. C. J. XI. 31.

tions conservaient le droit de disposer à leur convenance de tout ce qui leur appartenait.

Il faut cependant faire exception pour un grand nombre de collèges d'artisans, pour lesquels toute aliénation de biens immobiliers était interdite sans autorisation de l'État ; celui-ci déterminait même parfois quel était le meilleur mode à employer pour faire valoir certains biens ; c'est ainsi que Honorius chargea des experts d'estimer les immeubles des *pistores* et ordonna qu'ils seraient donnés en emphytéose (1).

Des Patrons. A côté des administrateurs, un personnage jouait dans la corporation un rôle tout différent, mais fort considérable : il s'agit du patron. Il n'intervenait pas dans la gestion du patrimoine commun, bien mieux il ne faisait souvent pas lui-même partie du collège, c'était un protecteur, un père, suivant le nom que lui donnent parfois les inscriptions.

Le choix d'un patron était chose fort importante, car on faisait chèrement payer cet honneur à celui qui y était appelé ; il fallait donc trouver un protecteur avant tout riche et généreux ; les collèges de petites gens ne se montraient pas difficiles pour les autres qualités, et souvent s'adressaient, faute de mieux, aux affranchis parvenus à la fortune. Nous possédons un décret par lequel les marchands de drap d'une petite ville d'Italie font savoir à l'un de leurs concitoyens qu'ils seraient heureux de l'avoir pour patron : « Le « 10 des calendes d'avril, dans la chapelle de l'asso- « ciation, les questeurs ont pris la parole, et nous ont « représenté qu'il convenait à notre collège de nom-

(1) 19. C., th. 14. 3.

« mer pour son protecteur Tutilius Julianus, citoyen
« aussi recommandable par la sagesse de sa conduite
« et sa modestie naturelle que par sa générosité....(1)»

§ 3. — Fêtes. — Cérémonies religieuses. — Assemblées.
— Les membres d'un même collège, malgré la diversité de leur condition, entretenaient des relations
assez intimes, grâce aux fêtes, aux cérémonies religieuses, aux repas de corps, auxquels participaient
tous les associés.

Nous avons eu souvent l'occasion de signaler ces
repas en commun, que l'on renouvelait aussi souvent
que possible : l'anniversaire de la fondation du collège,
l'élection d'un magistrat, ou mieux encore d'un patron étaient autant d'occasions de se réunir autour de
la même table et de souhaiter la bienvenue au nouvel
élu de la corporation.

Les cérémonies religieuses jouaient aussi à l'origine
un rôle réellement important ; fort tard encore elles
étaient célébrées dans toutes les circonstances solennelles, et à une époque où les anciennes croyances
avaient disparu, le caractère religieux des collèges se
manifestait encore de plusieurs façons ; les décisions
importantes étaient fort souvent prises dans la chapelle de la corporation ; ainsi nous possédons un
décret des *fabri et centonarii*, collège exclusivement
industriel ; il est daté d'un temple (2). A l'entretien du
sanctuaire où étaient réunies les statues du dieu protecteur de la corporation et des membres de la famille
impériale, était affecté un *aedituus* ou sacristain, parfois

(1) Orelli, 4133.
(2) Orelli, 4133.

même un prêtre (1). Au musée de Lyon, on conserve les restes d'un monument élevé par les « *Cultores fontis Uræ* », et sur lequel on voit l'un des membres du collège accomplissant un sacrifice, la tête voilée (2).

Il est inutile de multiplier les preuves du caractère religieux que présentèrent très tard un grand nombre de corporations ; beaucoup furent frappées par les empereurs chrétiens, parce qu'elles persistaient à rendre une apparence de culte aux divinités païennes; c'est ainsi que fut dissout le collège des dendrophores, qui honorait Cybèle ; ses biens furent confisqués et ses membres dispersés (3).

Il importe, avant d'étudier le rôle des collèges comme personnes juridiques, de savoir comment se manifestait la volonté de leurs membres, à qui il appartenait de donner mandat aux administrateurs de faire tel ou tel acte, quelles étaient les conditions de majorité requises.

Les assemblées des collèges se tenaient dans un endroit appelé la *Schola ;* elles avaient lieu à époque fixe pour l'expédition des affaires courantes, et sur convocation des magistrats dans les cas exceptionnels (4).

Quant à déterminer à quelle majorité devaient être prises les décisions des assemblées, on ne peut le faire d'après les textes, car ils sont à peu près muets sur la question, et les divers systèmes ne peuvent invoquer que des arguments d'analogie tirés des dispositions relatives à d'autres personnes morales.

(1) Renier, *Insc. de l'Algérie*, 100.
(2) De Boissieu, p. 49.
(3) 20, 2, C.. th. XVI, 10.
(4) On peut lire une brève description de la *Schola* du collège d'Esculape et d'Hygie. — Orelli, 2417.

Cependant on devait certainement distinguer entre les mesures présentant un intérêt secondaire et transitoire, et celles qui devaient modifier la condition de la corporation personne juridique. Pour les premières, il est probable que la simple majorité des voix était suffisante, et en l'absence d'une clause formelle des statuts, l'usage et la tradition devaient indiquer cette solution. Exiger en effet l'unanimité pour toutes les décisions présentant une importance secondaire, et cependant nécessitant une délibération du collège, c'eût été apporter une entrave très gênante à l'administration des affaires. Mais il était nécessaire, dit-on, que les deux tiers des associés fussent présents en pareil cas. Une règle semblable était édictée pour la curie, où il fallait, en effet, que les deux tiers des membres eussent pris part à la délibération, pour qu'un décret fût valablement rendu (1). Est-il bien rationnel d'étendre au cas qui nous occupe cette disposition spéciale, et peut-on assimiler les délibérations de la curie à celles d'une des corporations dont nous parlons?

S'il s'agissait de prendre une détermination touchant à un intérêt permanent, une de ces décisions particulièrement graves, dont dépendait peut-être l'existence de la corporation, en était-il de même? Supposons, par exemple, que l'on discutât s'il y avait lieu de prononcer la dissolution du collège, ou du moins de la provoquer, en s'adressant à l'autorité, qui seule, dans certains cas, pouvait supprimer la personne juridique qu'il avait créée. Si les membres qui la composaient jugeaient à propos de sol-

(1) 46, C. J., X, 31.

liciter une pareille mesure, fallait-il qu'ils fussent tous disposés à le faire, ou la majorité pouvait-elle imposer sa volonté à la minorité? On ne sait que penser; les uns disent que cette contrainte ne saurait être justifiée, et qu'il faut repousser une théorie qui « laisse sans défense contre l'arbitraire et l'injustice « les individus appartenant à la minorité(1). » Mais les mêmes auteurs vont plus loin, et méconnaissent à l'unanimité des membres la faculté de porter atteinte, de quelque façon que ce soit, aux droits de la personne juridique, être distinct de tous les individus qui la constituent; d'où ils concluent que toutes les fois que les intérêts permanents de la corporation étaient en jeu, et non pas seulement lorsqu'il s'agissait de son existence même, le pouvoir, protecteur naturel des personnes juridiques auxquelles il avait donné l'existence, devait intervenir et sauvegarder leurs intérêts (2).

On comprend qu'en une matière aussi délicate, et où les règles impératives font complètement défaut, on ne puisse donner de solution absolue, vraie pour toutes les espèces de corporations : dans celles qui répondaient à un intérêt public et dépendaient étroitement de l'État, tels que certains collèges industriels, une question comme celle que nous agitions plus haut ne saurait même pas se poser.

Section III. — *Capacité juridique des collèges.*

Les corporations n'acquièrent pas, nous l'avons vu, la capacité juridique du jour où elles apparurent à

(1) Savigny, C. de dr. rom., 2°, p. 339.
(2) De Savigny, op. cit., p. 343.

Rome, et l'on constatera, dans la suite de cette étude, que les différents droits ne leur furent accordés que lorsqu'il y eut nécessité à le faire.

Il est tout d'abord une catégorie de droits dont elles ne jouissaient jamais ; il s'agit de ceux qui supposent l'existence d'une personne physique et naissent des liens du sang.

Mais pour s'en tenir aux droits relatifs aux biens, on remarque qu'il en est parmi eux de plus essentiels les uns que les autres aux personnes juridiques, par exemple la capacité d'ester en justice est de première importance, car il est inutile à un collège d'avoir un patrimoine propre, s'il ne peut poursuivre ceux qui y portent atteinte. Par contre, la faculté d'être institué héritier ou légataire, de recevoir une donation, fort utile sans doute, n'est pas essentielle. Aussi refusera-t-on longtemps aux corporations ces droits sans lesquels elles peuvent vivre et suffire à la tâche qu'elles doivent remplir.

Le formalisme du droit romain vint, nous le rappelons aussi, s'opposer à ce que les collèges jouissent des droits que l'on reconnaissait pourtant leur être nécessaires, et il fallut faire violence aux principes rigoureux pour qu'ils en eussent l'exercice.

Ainsi, parmi les plus esentiels il faut compter les droits de possession et de propriété. Or, ils ne s'acquièrent en général que moyennant certains actes, qui ne peuvent être accomplis que par des personnes physiques, mais sont interdits à des êtres purement fictifs, d'une existence toute idéale. Les individus qui composent la personne morale pourraient bien effectuer ces actes, prendre par exemple possession réelle d'un objet qu'il s'agirait d'usucaper, mais le fait de l'unanimité des membres d'un collège n'équivaut pas à celui du collège lui-même. Il n'existe qu'un moyen pour remédier à cette incapacité ; c'est d'admettre que les personnes juridiques peuvent être représentées, autrement dit de réputer accomplis par elles et produisant effet à leur égard, les actes effectués par des tiers chargés d'agir à leur place. La représentation n'est donc plus seulement, comme pour les personnes physiques, un moyen commode pour faire valoir leurs droits, c'est une nécessité pour les personnes morales. Mais longtemps on refusa de reconnaître à Rome qu'un acte juridique pût être réputé l'œuvre de personnes qui n'y avaient pas figuré.

On admit cependant d'assez bonne heure que la propriété pourrait être acquise par l'intermédiaire des esclaves : « Item quod servi nostri mancipio accipiunt, vel ex traditione nanciscuntur, sive quid stipulentur vel ex alia qualibet causa adquirant, id nobis adquiritur (1) ».

Mais pour permettre à la personne juridique de posséder un premier esclave, les jurisconsultes romains avaient dû certainement faire violence à la rigueur ordinaire du droit, car pour devenir propriétaires de cet esclave, aussi bien que de tout autre bien, il aurait fallu que les corporations fussent capables d'être représentées. Quel qu'ait été le moyen employé pour sortir de ce cercle vicieux, il est certain que les municipes les premiers (2), puis seulement après eux les temples (3), et enfin les corporations en général (4), possédèrent des esclaves.

(1) Gaius, *Inst.*, 11, 87.
(2) 3. C. J. VII, 9.
(3) 20. 1, D., XXXIII, 1.
(4) 1. 7, C. J., XLVIII, 18.

Du jour où ce droit leur fut reconnu, nos collèges purent entrer en rapport juridique avec les tiers, en attendant que le droit d'être représentés par des personnes libres complétât leur capacité légale.

§ 1. — **Propriété et possession.** — La propriété s'acquiert par actes entre vifs et à cause de mort. La capacité de devenir propriétaires par le second de ces modes ne fut accordée aux corporations que fort tard, et pour partie, car elle leur était moins essentielle que la possibilité d'acquérir entre vifs.

a) Possession.

Parmi les modes d'acquisition de la propriété entre vifs, il en est trois qui ont pour base la possession. Pour ne parler que de la tradition et de l'usucapion, il importe de savoir à partir de quand les personnes morales purent acquérir la possession, car alors seulement il leur fut possible de recevoir tradition ou d'usucaper.

De tout temps on admit que les personnes juridiques pouvaient détenir matériellement l'objet, avoir le *corpus* par l'intermédiaire de leurs esclaves ; mais quant à l'intention de se comporter en propriétaires, quant à l'*animus*, elles ne pouvaient ni l'avoir personnellement, puisqu'elles étaient incapables d'une volonté quelconque, ni l'emprunter à qui que ce fût.

De là, le jurisconsulte Paul déduit logiquement que les municipes sont incapables de posséder, « quia uni consentire non possunt (1) ». Par ces mots, Paul ne veut pas dire que ce qui empêche le municipe de

_____

(1) l. 22, D. XLI, 2.

posséder, c'est que tous ses membres (*uni*) ne peuvent manifester à la fois leur volonté, car même dans le cas où il serait possible en fait de recueillir l'assentiment de tous les habitants d'un municipe, cela n'équivaudrait pas à l'*animus* chez la personne qui aspire à la possession, chez le municipe. Paul entend seulement par là que les habitants ne peuvent acquérir la possession, parce qu'ils sont incapables d'avoir la volonté nécessaire, en tant que constituant l'*universitas*.

Telle était donc la règle dans l'ancien droit, mais avant qu'on l'eût abandonnée, est-ce que dans le cas particulier où l'esclave possédait *ex peculiari causa*, c'est-à-dire en vertu d'une cause se rattachant à l'administration d'un pécule, les personnes morales pouvaient acquérir la possession ? On sait qu'il en était ainsi pour les personnes physiques, mais pouvait-on appliquer aux personnes juridiques cette exception au droit commun ? Tout dépend de savoir quelle est précisement la dérogation au droit commun ; si elle consiste, ainsi que le veulent les uns, en ce que le propriétaire de l'esclave a pu manifester d'une manière générale sa volonté de posséder *ex peculiari causa*, lorsqu'il a constitué le pécule, on ne peut admettre que les personnes morales bénéficient de l'exception, car il leur a été impossible de manifester cette volonté générale. Mais si, avec d'autres, on soutient que le maître emprunte l'*animus* de l'esclave, rien n'empêche la personne morale d'acquérir la possession, sans qu'elle ait à en manifester la volonté, pourvu que l'acquisition ait lieu *ex peculiari causa*.

La question était déjà controversée à Rome, ainsi que le prouve un texte que nous avons cité plus haut : « Nerva filius ait : municipes per servum quae peculiariter adquisierint et possidere et usucapere posse. Sed quidam contra putant..... (1) »

Laissant là ce point sans grand intérêt pratique, nous constatons qu'à une certaine époque les municipes, puis les corporations, purent acquérir la possession par l'intermédiaire de leurs esclaves, contrairement à l'opinion de Paul : « Sed hoc jure utimur « ut et possidere et usucapere municipes possint, « idque eis et per servum et per liberam personam. « adquiritur (2). » Il faut en dire autant des corporations.

b) Acquisition de la propriété par actes entre vifs.

Ulpien (3) énumère six modes d'acquisition de la propriété à titre particulier et entre vifs : la mancipation, l'in jure cessio, la tradition, l'usucapion, l'adjudication et la loi.

La *mancipation,* qui n'est autre chose qu'une vente fictive, fut accessible aux corporations du jour où elles possédèrent des esclaves (4), car ceux-ci pouvaient figurer dans les cérémonies qui effectuaient la transmission de la propriété.

L'*in jure cessio* se présente sous la forme d'un procès fictif, dans lequel celui qui veut acquérir la propriété d'un bien le revendique comme sien. — L'esclave ne put jamais représenter son maître dans ce cas, car il ne pouvait pas figurer dans le procès fictif qui s'engageait, n'ayant pas de patrimoine.

(1) 1. 22, D. XLI, 2.
(2) 2. D. 41, 2.
(3) Règles d'Ulpien XIX, § 2.
(4) Gaius, inst. II, § 87.

6

Quant à la *tradition* et l'*usucapion*, qui reposent l'une et l'autre sur la possession, du jour où l'on admit que les personnes juridiques pouvaient posséder par l'intermédiaire de leurs esclaves, elles purent ainsi acquérir la propriété par ces deux modes très usuels.

L'*adjudication* suppose une décision du juge rendue dans certaines actions spéciales ; l'esclave ne peut donc représenter son maître et acquérir pour lui par ce moyen.

Parmi les divers modes d'acquisition *lege*, soit énumérés dans les Institutes, soit rangés sous cette dénomination par les auteurs, nous ne parlons que de l'acquisition des fruits par le possesseur de bonne foi. Tout ce qui a été dit à propos de la possession en général s'applique ici.

Les démembrements du droit de propriété, les servitudes personnelles et réelles pouvaient-ils être acquis par les corporations ?

Pour les servitudes prédiales, les seuls modes d'acquisition étaient dans l'ancien droit l'*in jure cessio*, l'*adjudicatio* et le *legs per vindicationem*, puis spécialement pour les servitudes rurales (*res mancipi*) la *mancipation*. Ce dernier mode seul pouvait être employé par les personnes juridiques. —Lorsque les servitudes réelles eurent été reconnues par le préteur susceptibles de quasi-possession, on put les transmettre par une quasi-tradition, et même sous Justinien en devenir propriétaire par une *quasi-possessio longi temporis ;* grâce à cette réforme et surtout du jour où les corporations purent être gratifiées de legs (autre mode fréquemment employé pour la constitution des servitudes), les personnes juridiques en général furent capables de les acquérir.

Des servitudes personnelles, l'une, le droit d'usage, n'appartint jamais aux corporations, puisqu'elle suppose l'usage personnel du titulaire. — Pour l'usufruit, mêmes modes de constitution que pour les servitudes réelles dans l'ancien droit, sauf toutefois la mancipation, qui n'était jamais possible, mêmes réformes du préteur, mêmes règles dans le droit de Justinien. — Ce que nous avons déjà dit s'applique ici.

Une disposition spéciale limite à 100 ans la durée de l'usufruit pour les personnes morales (56. D. VII. I.)

c.) *Acquisition à cause mort.*

1° *Succession ab intestat.* — Le droit de succéder ab intestat fut l'un de ceux que l'on refusa toujours en principe aux corporations ; il repose le plus souvent sur des rapports de famille que l'on ne peut concevoir pour les personnes juridiques.

Cependant lorsque ces dernières possédèrent des esclaves, elles eurent un certain droit sur les biens qu'ils laissaient à leur mort, lorsqu'ils avaient été affranchis, droit non de succession, mais qui prit ce caractère à partir d'une certaine époque. — En effet, à l'origine, les seuls modes autorisés pour affranchir un esclave, la vindicte, le cens, le testament n'admettaient pas la représentation, et lorsque les personnes juridiques les employaient, leurs esclaves acquéraient la condition de Latins Juniens, c'est-à-dire qu'ils étaient considérés comme libres pendant leur vie, mais mouraient esclaves ; leurs biens revenaient à leur ancien maître, mais *jure peculii,* et non *jure successionis.*—Telle fut la condition faite aux affran-

chis des cités, jusqu'au jour où une loi *Vectibulici* (1)
accorda à ces dernières le droit de donner à leurs
esclaves la liberté entière. — Cette loi, rendue sous
Trajan, fut étendue aux collèges à partir de Marc
Aurèle : « Divus Marcus omnibus collegiis, quibus
coeundi jus est, manumittendi potestaten dedit. —
Quare hi quoque legitimam hereditatem liberti vin-
dicabunt (2). »

Donc, à partir de ce moment, les personnes morales
succédèrent en qualité d'héritiers légitimes à leurs
affranchis, si le défunt ne laissait pas d'enfants.

2° *Institution d'héritier*. — L'incapacité pour les
personnes juridiques d'être, en règle générale, insti-
tutuées héritières est formulée dans plusieurs textes,
mais seul le jurisconsulte Ulpien essaie de justifier la
règle qu'il rapporte :

« Nec municipia, nec municipes heredes institui
« possunt : quoniam incertum corpus est, ut neque
« cernere universi, neque pro herede gerere possint,
« ut heredes fiant (3). »

Il était nécessaire de citer ce texte qui peut s'appliquer aussi bien aux autres personnes morales qu'aux
municipes dont il parle expressément ; il a été souvent
invoqué lorsqu'on a recherché les raisons qui empêchaient les collèges d'acquérir par institution testamentaire.

M. Gide (4), sans tenir grand compte de ce qu'Ulpien
peut vouloir dire dans le texte précité, estime que, si
la loi romaine refusa aux personnes juridiques en gé-

(1) 3 C. J. 7. 9.
(2) 1 et 2. D. 40. 3.
(3) Ulp. *Reg*. XXII. § 5
(4) *Du droit d'association en matière religieuse*, p. 117.

néral le droit dont il s'agit, c'est que « elle avait pour
« règle de ne leur donner que les droits nécessaires
« à leur existence, ceux-là seulement sans lesquels leur
« personnalité juridique n'eût été qu'un vain mot : or
« le droit d'être institué héritier ou de recevoir des
« legs n'est pas un droit essentiel pour les personnes
« juridiques, c'est un véritable privilège, et les juris-
« consultes romains en ont toujours été avares. »

On ne saurait méconnaître la vérité de l'idée con-
tenue dans ce passage, et souvent nous avons pu la
constater en étudiant le développement de la personnalité juridique à Rome. Mais n'est-ce pas tenir trop
peu de compte du texte d'Ulpien que de ne pas y
chercher l'explication, du moins pour une certaine
époque, de l'incapacité des personnes juridiques en
cette matière ?

On a donc dit que la véritable raison pour laquelle
les personnes juridiques ne pouvaient être instituées
héritières, c'était leur qualité de *personae incertae*.
Ulpien voudrait exprimer cette idée dans les mots
« *quoniam incertum corpus est* ». — Cette opinion
nous semble erronée, car un collège n'a jamais été une
personne incertaine dans le sens donné à cette expression par les jurisconsultes ; on entend par personne
incertaine celle dont on ne peut se faire une idée
exacte et déterminée, dont l'indication peut suivant
les cas s'appliquer à des individus très différents ; tels
seraient, pour emprunter l'exemple des Institutes
(25, de legatis, ii, 20), les deux premiers consuls nommés après l'époque de la confection d'un testament,
moment auquel on se place. L'individualité de la personne juridique n'a rien d'incertain, elle est parfaitement connue du testateur. Sans doute le collège

serait une personne incertaine, si son existence
s'identifiait avec celle de ses membres, car au jour
où le testateur écrit ses dispositions il ne sait quels
individus composeront le collège lorsqu'elles auront
effet ; mais du moment où la personne juridique demeure identique à elle-même quels que soient les
gens qui la constituent, elle est aussi bien déterminée
qu'il est possible.

Une explication plus plausible, tirée toujours du
texte d'Ulpien, consiste à dire que les personnes juridiques ne pouvaient être instituées héritières parceque
leur nature abstraite les empêchait de prononcer les
paroles solennelles de la *crétio*, ou d'accomplir les
actes impliquant chez elles l'intention de se comporter
en héritières. On sait en effet qu'à l'époque classique
les deux principaux modes pour faire adition d'hérédité consistaient en une déclaration solennelle que
l'on appelait la *cretio,* ou en certains actes par lesquels
l'institué manifestait sa volonté d'être considéré
comme propriétaire de l'hérédité. L'un et l'autre
excluaient toute représentation, tellement que lorsqu'il s'agissait d'un *infans*, qui ne pouvait pas plus
que les personnes juridiques prononcer les paroles
consacrées, on ne permettait pas à son tuteur d'agir
à sa place, et on faisait toucher au pupille les
objets de la succession ; cela suffisait pour satisfaire
le formalisme des règles romaines : il avait ainsi fait
acte d'héritier. Du moment où les personnes juridiques ne pouvaient être représentées, toute institution
s'adressant à elles eût été sans effet.

On ne peut nier qu'Ulpien, dans le texte dont il
s'agit, ne donne en effet cette explication de l'incapacité des municipes ; il est également certain que la

nature abstraite des personnes juridiques a pu pendant longtemps être un obstacle suffisant pour faire comprendre leur incapacité en matière de succession testamentaire; mais si cet obstacle a été le seul, comment explique-t-on qu'elles soient demeurées hors du droit commun après l'introduction à Rome de la *bonorum possessio?* Pour obtenir celle-ci il n'est besoin d'accomplir aucun acte, de prononcer aucune parole incompatible avec la nature des personnes juridiques, et cependant la règle est toujours la même. Il faut donc admettre que la raison de forme ne fut pas la seule, et que si dans le dernier état du droit les personnes juridiques en général ne purent acquérir par institution d'héritier, c'est qu'on estima que cette faculté ne leur était pas indispensable.

Il fut apporté plusieurs exceptions à la règle de l'incapacité soit des personnes juridiques en général, soit parfois spécialement des corporations.

Tout d'abord les municipes (1), puis les collèges purent être institués héritiers par leurs affranchis. C'était une conséquence forcée de leur droit de succession *ab intestat* aux biens de ces mêmes affranchis. Le préteur donnant au patron exhérédé ou omis, même au cas où c'était une *universitas* (2), la *bonorum possessio contra tabulas*, il fallait nécessairement permettre à son ancien esclave de l'instituer héritier.

Certaines cités obtinrent parfois, en vertu d'une disposition spéciale, la capacité qui leur faisait défaut; tel fut le cas de la ville de Marseille (3); une consti-

---

(1) Reg. Ulp. XXII. 5.
(2) I. pr. D. XXXVIII. 3.
(3) Tacite. *Annal.* 4.43.

tution de l'empereur Léon (1) étendit cette faveur à tous les municipes.

Mais les corporations ne furent jamais l'objet d'une loi aussi générale ; si l'on en excepte les collèges de prêtres, il leur fallut toujours une autorisation expresse pour pouvoir être instituées héritières. « Collegium si nullo speciali privilegio subnixum sit, hereditatem capere non posse non dubium est (2) ». Cette constitution de Dioclétien laisse donc supposer que parfois on faisait exception à la règle en faveur de certains collèges ; on peut ainsi comprendre que dans quelques inscriptions on parle d'institution d'héritier faite au profit de l'un d'eux.

La *bonorum possessio* fut accordée aux personnes morales, non sans hésitation d'ailleurs (3) et seulement dans les cas où elles pouvaient se prévaloir de la qualité d'héritières d'après le droit primitif. Ainsi on donnait au collège la *bonorum possessio contra tabulas dimidiae parti*s, si son affranchi l'avait omis ou exhérédé ; ou encore la *bonorum possessio unde legitimi*, s'il n'y avait pas eu de testament, etc.

On ne peut admettre que les personnes juridiques aient jamais été appelées d'une manière générale à la *bonorum possessio*, car si cela eût été, comment expliquerait-on la constitution de l'empereur Léon qui accordait comme faveur spéciale aux municipes la capacité d'être instituées ?

La *bonorum possessio* avait l'avantage de ne réclamer aucune des formalités qui rendaient impossible

(1) 12 C. J. 6. 24.
(2) 8. C. J. 6. 24.
(3) I. I. D. XXXVIII. 3.

dans l'ancien droit l'institution des personnes morales. Celles-ci pouvaient l'acquérir par l'intermédiaire de leurs esclaves, ou plus tard de représentants libres, sur la demande même d'une personne étrangère à l'association (1), ou simplement par une décision du préteur rendue en vertu de son initiative propre.

3° *Legs.* — Le droit romain admit plus facilement la capacité des collèges à être institués légataires qu'héritiers. Cependant ce ne fut que sous Marc Aurèle qu'elle leur fut accordée d'une manière absolue.

Est-ce par des raisons de forme, tenant à leur nature abstraite, que l'on doit expliquer dans le premier état du droit l'incapacité qui les frappait ? Nous savons qu'à cette époque on reconnaissait quatre espèces de legs : *per vindicationem, per praeceptionem, per damnationem,* et *sinendi modo.* En admettant même, avec les Proculiens, dont la doctrine ne fut pas définitivement consacrée, que la chose léguée *per vindicationem* ne passât dans le patrimoine du légataire que du jour où il avait manifesté sa volonté de l'acquérir ; en admettant encore avec les Sabiniens que le legs *per praeceptionem* ne pût s'adresser qu'à un héritier institué, comme ces formes-là n'étaient pas les seules possibles, on ne saurait justifier l'incapacité des collèges dans l'ancien droit par la nature abstraite de ces derniers.

D'ailleurs, avant Marc Aurèle, dès le sénatus-consulte Néronien on s'était départi de la rigueur des règles primitives, et cependant leur incapacité ne

(1) 3. 4. D. XXXVII. 1.

cessa qu'avec Marc Aurèle. Il faut donc penser que si l'on refusa si longtemps aux collèges le droit de recevoir des legs, c'est qu'on ne jugeait pas qu'il leur fût nécessaire.

Il fut d'ailleurs admis de tout temps que dans les cas exceptionnels où ils pouvaient être institués héritiers on avait aussi le droit de leurs faire des legs. Ainsi les collèges de prêtres affectés à un culte spécial pouvaient être gratifiés de legs et de fidéicommis (1).

Les municipes obtinrent les premiers sous Nerva la capacité de recevoir des legs ; cependant il était interdit au testateur de choisir en ce cas la forme *per praeceptionem* (2). C'était encore une conséquence de la théorie sabinienne sur la nature de cette sorte de legs, théorie qui ne fut définitivement condamnée que quelques années plus tard, sous Adrien (3).

Enfin, sous Marc Aurèle, les collèges obtinrent le même droit (4). Ils purent, à partir de ce moment, tout au moins, recevoir aussi par fidéicommis à titre particulier, car ceux-ci sont soumis à des règles moins rigoureuses que les legs.

Il va sans dire que pour qu'une libéralité testamentaire puisse profiter à une corporation, il faut que celle-ci soit régulièrement constituée, et soit en particulier autorisée par le pouvoir. Cependant la loi 20 au Digeste (de reb. dub.) décide que même dans le cas où le collège est inexistant, faute d'une autorisation préalable, le legs est valable s'il s'adresse à tous et à chacun des membres du collège. Le droit

(1) 38. 6, D. XXXII.
(2) Pline, *Epist.*, V, 7.
(3) Gaius, II, §§ 221, 222.
(4) 20. D., 34, 5.

romain ne se soucie pas de discerner si cette formule
dissimule ou non une interposition, et si le testateur
a voulu, en se servant de ce détour, gratifier une
personne morale sans existence légale. L'acte présente une apparence régulière, et si les membres du
collège sont individuellement capables, cela suffit
pour satisfaire le formalisme des règles romaines.
D'ailleurs cette règle injustifiable en théorie ne pouvait pas avoir des graves inconvénients chez un peuple
où le rôle des corporations a toujours été peu important, et où l'on ne put jamais redouter un accrois-
sement excessif des biens immobilisés entre leurs
mains.

§ 2. — **Obligations.** — Par quels moyens le collège
pouvait-il devenir créancier ou débiteur ?

a) Contrats. — Les contrats sont la source la plus
importante des obligations. Or, au fond de tout contrat on trouve une convention, c'est-à-dire l'accord de
deux volontés ; voilà ce qui frappe tout d'abord lorsqu'on recherche comment une personne morale peut
s'obliger ou acquérir des créances. A côté de cet
accord de volontés il faut la réunion de certaines conditions que nous ne pouvons étudier ici, car ce serait
faire la théorie générale des contrats. Mais comment
la personne juridique, le collège pourront-ils avoir et
exprimer cette volonté essentielle pour qu'il y ait
contrat. Il faudra ici encore admettre qu'ils pourront
être représentés par des personnes physiques, capables de donner leur consentement.

On reconnaîtra de bonne heure que l'esclave pourra
améliorer la situation de la personne juridique à la-

quelle il appartient; il rendra par exemple celle-ci créancière en vertu des stipulations dans lesquelles il aura été partie (1).

On admettra plus difficilement la représentation par des personnes libres, en vertu du principe qu'un acte ne saurait être réputé accompli par ceux qui n'y ont pas figuré, et qu'il est sans effet à leur égard. Cependant, à défaut de l'action directe qui appartient à la personne juridique lorsque l'acte de son esclave l'a rendue créancière, on commencera par lui accorder des actions utiles (2); ce sera un premier pas fait dans la théorie de la représentation.

S'agira-t-il de rendre cette même personne juridique non plus créancière mais débitrice, il y aura plus de difficultés encore, car l'esclave ne peut pas en règle générale rendre pire la condition de son maître. Celui-ci, quel qu'il soit, collège ou simple particulier, ne saura être poursuivi que *de peculio*, ou *de in rem verso*, s'il y a eu engagement relatif au pécule ou enrichissement à son profit; plus tard la personne morale pourra être tenue utilement des actions *exercitoria, institoria,* ou *quod jussu*, si l'esclave a été mis à la tête d'un commerce de mer ou de terre, ou n'a fait qu'exécuter des ordres spéciaux. Ici encore on finira par admettre que les personnes juridiques seront obligées par les actes de leurs mandataires libres. Ils les obligeront sans doute, mais à l'origine plutôt, semble-t-il, en vertu d'une gestion d'affaires que d'un véritable mandat. Les Romains ont eu, paraît-il, quelque difficulté à admettre que les personnes juridiques,

(1) 1 Inst. J. III. XVII.
(2) 5. § 9. D. XIII. 5.

qui sont incapables d'avoir une volonté propre, puissent jamais donner un mandat. Ainsi on lit dans quelques textes qu'elles ne sont tenues des engagements contractés par leurs représentants que jusqu'à concurrence du profit qu'elles ont retiré. Ainsi Ulpien nous apprend que les cités ne sont obligées que dans cette mesure par les contrats réels intervenus entre leurs administrateurs et les tiers (1); ce qu'il dit des cités peut s'étendre à toutes les personnes morales. La situation qui leur est faite en ce cas ressemble à celle des impubères ou des fous qui n'étaient tenus, en vertu des emprunts contractés par leurs tuteurs ou curateurs, que jusqu'à concurrence du profit qu'ils y avaient trouvé (2).

b) Quasi contrats. — Si des contrats nous passons aux quasi contrats, aux obligations naissant d'un fait licite autre qu'une convention, nous voyons que les personnes juridiques peuvent parfaitement être obligées de cette manière ; c'est ainsi que l'on admet sans difficulté, nous le disions plus haut, qu'elles étaient tenues des actes de leurs représentants considérés comme *negotiorum gestores.*

c) Délits et quasi délits. — La question est bien plus délicate en ce qui concerne les délits et quasi délits. On a pu en effet se demander si une personne morale pouvait être engagée *ex delicto* ou *quasi ex delicto.* Du moment où elle a la capacité de droit, a-t-on pu dire, il faut la reconnaître responsable de l'atteinte qu'elle porte aux lois. Non pas, répondent les uns,

(1) 27 D. XII. 1.
(2) 3. Cj. 5. 39. 2. Cj. 5. 70.

car la capacité juridique n'a été accordée à ces êtres fictifs créés par le législateur, qu'en vue d'une certaine fin présentant un caractère licite ; on ne les a pas constitués pour commettre des délits.

Tout en adoptant la solution à laquelle on aboutit de la sorte, nous ne la fondons pas sur un pareil raisonnement, car l'argument qu'il invoque conduirait trop loin, et permettrait d'exagérer l'irresponsabilité des personnes juridiques. Au point de vue criminel, cette irresponsabilité existe cependant, parce qu'un être sans réalité physique et par conséquent sans volonté ne peut commettre un délit. Mais, dira-t-on, cette absence de volonté ne l'empêche pas d'accomplir par représentant certains actes établissant des rapports de droit, pourquoi serait-elle davantage un obstacle dans le cas qui nous occupe ? C'est que l'on ne peut concevoir le mandat donné à un tiers de vous représenter par un délit. En matière criminelle, il est de toute nécessité qu'il y ait identité entre la personne qui a commis l'infraction et celle qui est poursuivie et punie. Cette identité n'existerait pas même dans le cas où tous les individus qui composent la personne juridique auraient commis le fait délictueux, à cause de la personnalité distincte de l'être fictif qu'ils constituent.

Celui-ci n'étant donc pas *doli capax* n'est pas tenu des peines que pourraient entraîner les actes de ses administrateurs.

Cependant si la personne morale a tiré quelque profit du délit qu'ils ont commis, elle doit restituer tout ce dont elle s'est enrichie. Il est souvent fait application de cette règle dans les textes : ainsi le possesseur d'un immeuble dépossédé violemment au nom d'une commune obtient contre cette dernière

l'interdit *unde vi* « si quid ad eos (municipes) perve-
nerit (1). »

Lorsqu'un délit est commis par l'esclave d'une
personne morale, celle-ci doit réparer le préjudice
causé, à moins qu'elle ne préfère abandonner l'esclave. Mais si elle est tenue de semblable obligation,
ce n'est pas qu'elle soit censée représentée par l'auteur de l'infraction, mais bien parce que celui-ci,
n'ayant aucun patrimoine propre, ne peut offrir répa-
ration à celui qui en a été victime. Il est la propriété
du maître, et ce dernier, quel qu'il soit, personne physique ou morale, doit renoncer à son droit sur lui ou
accepter la responsabilité de l'infraction commise.

Lorsqu'une personne morale, une corporation a
souffert d'un délit ou quasi délit commis par un tiers,
elle peut agir pour se faire indemniser du dommage
qui lui a été causé(2). Dans ce cas, sa nature abstraite
n'est d'aucune importance, elle a la personnalité juridique et cela suffit.

§ 3. **Actions.** — Le droit d'être représenté en justice
est essentiel aux personnes juridiques, et l'on peut dire
que la capacité qui fut accordée aux corporations ne devint une réalité que le jour où l'on admit qu'elles pouvaient faire valoir, par l'entremise de tiers, les droits
qu'on leur avait reconnus. Or, dans le premier état de
la procédure, à Rome, nul ne peut se présenter au nom
d'autrui pour accomplir les solennités de la *legis actio*
et figurer dans l'instance qu'elles engagent. Cependant il est fait quelques exceptions à la règle, et Jus-

(1) 4. D. XLIII. 16.
(2) 31, 1, D, XLVII. 2.

tinien nous apprend, dans ses Institutes (1), que l'on pouvait alors plaider au nom d'autrui *pro populo, pro libertate, pro tutelà*, et dans un cas spécial prévu par la *loi Hostilia*. Le seul cas qui nous intéresse est le premier, car on peut se demander si, sous le nom de représentation *pro populo*, on arriva à autoriser la représentation dans tout procès intéressant non seulement le peuple romain, mais d'autres personnes morales, les municipes, puis les corporations. Sans pouvoir rien affirmer sur ce point, il paraît peu admissible que jusqu'à l'apparition du système formulaire, c'est-à-dire jusqu'au VIe siècle de Rome, l'État seul ait pu ester en justice (2).

Lorsque la loi *Æbutia* eut introduit le système nouveau, on put plaider par *cognitor* ou *procurator*.

Les règles spéciales auxquelles était soumise la constitution du *cognitor* empêchaient les personnes morales de se faire représenter par lui : il faut, en effet, que les deux parties, le demandeur et le défendeur, soient devant le juge, et que celle qui veut donner mandat au *cognitor* de plaider pour elle, exprime sa volonté en termes solennels.

La constitution d'un *procurator* ne présentait pas les mêmes difficultés, mais ce n'était pas un représentant au sens actuel du mot : le *procurator* agissait soit en vertu d'un mandat, soit en qualité de gérant d'affaires ; mais dans l'un et l'autre cas, c'était lui seul qui était condamné ou triomphait. Le procès terminé, et pour que ses conséquences eussent effet en la per-

(1) Liv. IV, tit. X, pr.
(2) Accarias, *Traité de dr. rom.*, 2e vol., p. 1283.

sonne du véritable ayant-droit, il fallait exercer des
recours, de telle sorte que la difficulté était seulement
reculée pour les personnes juridiques, car elles auraient
dû encore se faire représenter dans ces actions nouvelles. Il en résultait que, théoriquement, il était aussi
impossible aux collèges de plaider par *procurator*
que par *cognitor ;* mais si les principes rigoureux du
droit conduisaient à ce résultat, les nécessités de la
pratique finirent par faire reconnaître que l'on devait
y déroger *utilitatis causa*. Gaius nous apprend donc
qu'un tiers peut défendre les personnes morales aussi
bien que les simples particuliers, « quia eo melior
conditio universitatis fit (1). »

On obligea d'abord les représentants des collèges,
les *actores* ou *syndici*, à donner la caution *de rato ;*
en effet, le *procurator*, à la différence du *cognitor*,
n'épuisait pas infailliblement le droit du représenté,
du *dominus litis ;* celui-ci, le procès terminé, pouvait
recommencer à plaider ; aussi la partie adverse, avant
d'engager le débat avec le représentant, pouvait-elle
exiger que celui-ci donnât caution que le véritable
ayant droit reconnaîtrait la décision des juges, quelle
qu'elle fût. C'est ce que l'on exige en particulier de la
personne étrangère à la corporation qui vient défendre, sans mandat, les intérêts de cette dernière.
(1. 3. D. 3. 4). — A partir d'une certaine époque, on
renonça à exiger cette caution, et on donna des actions utiles contre le collège, de même que l'on accordait à ce dernier une action directe utile contre la
partie adverse. A partir de ce moment, il y eut véritablement représentation, au sens moderne du mot,

(1) 1. 3. D. 3. 4.

et les corporations jouirent de l'un des principaux avantages de la personnalité juridique.

Dans un cas tout à fait spécial et peu pratique, la corporation était de droit représentée en justice par l'un de ses membres ; c'est lorsque ce dernier constituait à lui seul la personne morale, lorsqu'il survivait seul à tous ses collègues (1). D'ailleurs, même en ce cas, la personnalité de la corporation ne s'identifiait pas avec celle du dernier des associés ; seulement, comme en fait il était seul intéressé au procès, on le chargeait de représenter la personne juridique.

En l'absence du mandataire investi des pouvoirs nécessaires pour défendre celle-ci, le proconsul avait le devoir de prendre en mains ses intérêts (2).

Le serment pouvait-il être déféré au collège ? Nous ne le croyons pas. La délation du serment consiste, en effet, en un appel adressé à la conscience de la partie adverse ; or, les seules personnes qui sauraient répondre à cet appel seraient les administrateurs, mais pouvaient-ils représenter la personne morale dans une pareille hypothèse ? Dans un cas analogue où il s'agissait d'un legs sous condition de serment fait à un municipe, la loi romaine admettait que les magistrats municipaux pouvaient prêter le serment (3). Malgré l'argument d'analogie que l'on peut tirer de ce texte on ne saurait, à notre avis, admettre les administrateurs d'une corporation à prêter le serment qui aurait été déféré à celle-ci.

(1) 7. 2. D. 3. 4.
(2) 1. 2. D. 3. 4.
(3) 97. D. 35. 1.

Section IV. — *Fin des corporations.*

S'il s'agit d'une corporation qui n'a pu, conformément à la règle générale, se créer sans une autorisation de l'État, l'autorité qui lui a donné naissance peut seule la faire disparaître. Elle le fait soit de son propre mouvement, lorsqu'elle juge que l'être fictif qu'elle a créé est devenu inutile ou dangereux ; elle le fait parfois aussi sur l'initiative des individus mêmes qui le composent.

Nous avons rencontré dans l'histoire des corporations de nombreux exemples de la suppression prononcée par le pouvoir ; tantôt cette mesure frappe toute une catégorie de corporations ; le plus souvent elle vise l'une d'elles seulement.

Quant à la nécessité pour les membres d'un collège autorisé de s'adresser au pouvoir pour faire prononcer sa dissolution, elle se justifie parfaitement ; la volonté même unanime des individus qui composent le collège ne peut rien pour supprimer une personne juridique douée d'une existence propre qu'elle doit à l'autorité supérieure.

Mais s'il s'agit d'une corporation qui a pu se fonder librement, sans aucune autorisation spéciale, il suffit, pour la dissoudre, d'une décision prise par ses membres assemblés. Souvent même dans les collèges de petites gens, d'un caractère tout privé, il n'est pas besoin d'une délibération en forme ; le collège finit de lui-même faute d'associés, faute d'argent. On a découvert dans l'ancienne Dacie, aux confins des possessions romaines, des tablettes contenant la copie d'un acte affiché dans la ville d'Alburnum le

Grand, en l'année 167 de l'ère chrétienne, pour faire connaître aux membres eux-mêmes de l'un de ces pauvres collèges funéraires la dissolution de celui qu'ils avaient constitué. Cet acte est ainsi conçu : « Artemidore, esclave d'Appollinus, président du collège de Jupiter Cernenius, et avec lui Valerius, esclave de Niçon, et Offas, esclave de Menofile, questeurs du même collège, font savoir au public, par cet acte, que des cinquante-quatre personnes qui formaient le collège dont on vient de parler, il n'en reste plus que dix-sept à Alburnum ; que Julius, esclave de Julius, qui était président avec Artemidore, n'a pas mis le pied à Alburnum depuis le jour de son élection ; qu'Artemidore a rendu ses comptes aux membres présents, etc... (1) »

Nous venons de parler des cas de dissolution volontaire, c'est-à-dire se produisant en vertu d'une manifestation de volonté soit de l'autorité, soit des membres eux-mêmes. Doit-on, en outre, admettre que les corporations se dissolvent forcément par la disparition des individus qui les composent ? Oui sans doute, du moins en règle générale. C'est ce qui distingue les collèges d'une autre espèce de personnes morales qui, bien que n'ayant pas une existence nécessaire comme l'État, demeurent malgré la disparition de ceux qui y sont attachés : ainsi les temples constituent, à une certaine époque, des personnes juridiques ; or, les prêtres qui sont chargés du culte, et dont l'existence est essentielle pour que la personne juridique accomplisse la tâche qui lui est propre, peuvent tous mourir sans que cela entraîne la suppression de la personne

(1) Corpus, *Inscrip. lat.* III, p, 924.

juridique. Au contraire, les collèges, ceux tout au moins fondés dans l'intérêt exclusif des membres qui les composent, ne semblent pas pouvoir survivre à la mort de ces derniers. Aussi une corporation de petites gens peut subsister tant qu'il demeure un seul de ses membres, mais comment supposer quelle existe encore après la fin du dernier d'entre eux !

Que deviennent les biens du collège supprimé ou disparu ? Il ne peut avoir ni héritier ab intestat, ni héritier testamentaire ; ses membres ne peuvent prétendre, en théorie, à aucun droit sur ces biens, puisqu'ils sont la propriété de la personne juridique ; dès lors, le seul héritier est l'État. Un texte semble contraire à ce système ; la loi 3 pr. Digeste XLVII, 22, dit expressément que les membres d'une corporation peuvent se partager les biens qu'ils ont mis en commun lorsque cette corporation est dissoute. Mais le cas prévu est tout spécial, car il s'agit d'un collège fondé sans l'autorisation qui lui était nécessaire ; la personne juridique n'a jamais existé et chacun des prétendus associés conserve ses droits sur les biens qu'il a apportés. Mais si l'on suppose une corporation à laquelle on retire l'autorisation qui lui a été accordée, l'État peut prétendre mettre la main sur ce qu'elle possède. Il le fit réellement, parfois, car cette confiscation de fait, sinon de droit, constituait alors une peine accessoire pour la corporation supprimée.

Souvent aussi il n'usait pas de son droit strict et les biens existants au jour de la dissolution étaient partagés entre les membres.

DROIT FRANÇAIS

DES SOCIÉTÉS COOPÉRATIVES

BIBLIOGRAPHIE

Hubert-Valleroux. — Les Associations coopératives en France
et à l'étranger.

Lavollée. — Les classes ouvrières en Europe.

A. Marteau. — Les banques populaires en Allemagne.

E. Brelay. — Les Associations populaires de consommation et
de crédit mutuel en 1882.

— Les Sociétés coopératives. Conférence à la salle
Gerson, 12 mars 1884.

Flotard. — Le mouvement coopératif à Lyon et dans le midi
de la France.

Aynard. — Le bon marché et les Sociétés coopératives.

Fougerousse. — Patrons et ouvriers.

Paul Rougier. — Les Associations ouvrières.

P. Cauwès. — Cours d'Économie politique.

Renateau. — Les Sociétés coopératives en France (Thèse pour
le doctorat).

Auzias-Turenne. — Des Sociétés coopératives (Thèse pour le
doctorat).

Casimir Périer. — Les Associations de coopération.

Vidari. — Cours de droit commercial (ital.).

Schulze Delitzsch. — Cours d'Économie politique (trad. par
M. Rampal).

Fr. Vigano. — Histoire des Pionniers de Rochdale.

Mathieu et Bourguignat. — Commentaire de la loi sur les Sociétés des 24-29 juillet 1867.

Bedaridde. — Commentaire de la loi du 24 juillet 1867.

Alauzet. — Commentaire du Code de commerce et de la législation commerciale.

Vavasseur. — Traité des Sociétés civiles et commerciales.

— Législation comparée sur les Sociétés. Loi belge
du 18 mai 1873, comparée à la loi de 1867.

DELOISON. — Traité des Sociétés commerciales.

Revue pratique de Droit français, année 1875. — Les Sociétés commerciales, par M. Lescœur.

Bulletin de la Société de législation comparée, principalement : années 1870, p. 135 ; 1875, p. 155 ; 1886, p. 66.

Annuaire de législation étrangère, principalement : années. 1874, p. 221 et seq. et 356 et seq. ; 1875, p. 16 ; 1877, p. 81 et seq., 351 et seq. ; 1878, p. 74 et 75 ; 1879, p. 85.

Compte rendu des séances de la Société d'économie politique de Lyon, années 1883-84, les banques du peuple, par M. Dumond, et 1885-86 les Sociétés coopératives de production, par M. Rougier.

Revue critique de législation et de jurisprudence, année 1866. — Le Code Napoléon et les Sociétés coopératives du Dauphiné, par M. Boissonnade.

Revue des Deux-Mondes, année 1884. — Les Sociétés ouvrières, par M. Lavollée.

L'Économiste français.

Journal des Économistes.

INTRODUCTION

NOTIONS GÉNÉRALES SUR LES SOCIÉTÉS COOPÉRATIVES

L'association ouvrière, ou, pour nous servir du terme employé aujourd'hui, la coopération, a donné à ceux qui l'ont pratiquée en France plus de déboires que de satisfactions; et cependant à l'étranger le résultat était tout autre.

C'est là un fait qu'il importe d'étudier, et dont il faut rechercher les causes, afin de juger s'il est opportun de poursuivre une expérience dont les résultats ont été jusqu'ici aussi peu favorables. Si ces échecs sont dus à ce que la coopération n'a pas sa raison d'être chez nous, à ce que le besoin ne s'en fait pas sentir, si notre caractère, nos mœurs, notre situation économique ne s'en accommodent pas, il faut s'en tenir là, et ne pas dépenser davantage en pure perte notre activité et nos peines. Si, au contraire, les causes de cet insuccès relatif sont passagères, si l'on peut espérer les voir disparaître, le moment n'est-il pas enfin venu de nous engager hardiment dans cette voie, découverte par nous les premiers, mais sur laquelle d'autres nous ont beaucoup devancés ?

Ces questions sont intéressantes ; elles le sont particulièrement aujourd'hui, parce qu'elles touchent au grand problème de l'organisation du travail, dont la solution préoccupe à juste titre les sociétés modernes ; leur examen présente enfin une utilité particulière au moment où le législateur travaille à la réforme de notre loi sur les sociétés commerciales, et où son attention est forcément attirée sur la situation économique et juridique des associations coopératives.

Un fait est à remarquer : on a fondé en France de si hautes espérances sur l'association ouvrière, on s'est figuré si souvent qu'il y avait en elle un remède infaillible aux souffrances des travailleurs, qu'une réaction s'est produite lorsque l'expérience est venue démontrer la vanité de telles ambitions. Aujourd'hui le sentiment général est fait de déférence sceptique à l'égard d'une idée que l'on reconnaît bonne en théorie, mais décevante lorsqu'il s'agit de l'appliquer. Le gouvernement, toutefois, désireux d'encourager tout ce qui peut améliorer la situation de la population ouvrière, prodigue ses faveurs aux sociétés coopératives, mais les moyens qu'il prend pour en accélérer le développement ne sont pas toujours restés à l'abri de la critique.

Mais tout d'abord qu'entend-on par une société coopérative ?

La question ainsi posée peut avoir deux sens : on peut en effet se demander quelles sont les sociétés auxquelles on a appliqué jusqu'à aujourd'hui le nom de coopératives, et en quoi elles se distinguent des autres ; ainsi comprise, la question peut recevoir une réponse, et nous essaierons de la formuler. Mais si l'on prétend déterminer exactement les caractères particuliers des sociétés coopératives passées et futures, on y trouve, il nous semble, une impossibilité presque absolue.

Le mot de coopération est aussi vague que la chose qu'il désigne ; ce terme n'exprime qu'une idée de collaboration qui existe dans toute société, et même entre individus qui ne sont pas unis par un semblable lien ; l'ouvrier coopère avec son patron, lorsqu'il travaille moyennant un salaire fixe, et pourtant dans le langage usuel il ne fera œuvre de coopérateur que lorsqu'il s'associera pour s'affranchir de ce patron.

Cette remarque faite, chercherons-nous le signe distinctif de la société coopérative dans la situation sociale de ceux qui la composent ? Non certes, car si le nom paraît, à vrai dire, impropre pour désigner une entreprise de gros capitalistes, il existe cependant des sociétés dites coopératives entre gens appartenant à la classe aisée de la population.

La nature des opérations pratiquées par l'association sera-t-elle un meilleur critérium ? Il ne semble pas, car toutes les fois que l'on s'est occupé de nos sociétés, il a été reconnu que la coopération pouvait prendre des formes variées à l'infini, et impossibles à prévoir. En 1876 encore la question s'était élevée de savoir si une société coopérative pouvait se fonder sans autorisation lorsqu'elle avait pour but la création d'une bibliothèque. Un désaccord existait sur ce point entre le ministre de la justice et l'un des orateurs de la Chambre, mais tous deux n'hésitaient pas à donner le nom de société coopérative à une telle entreprise (1). Il faut donc s'attendre à voir ce même terme appliqué dans l'avenir à des institutions inconnues aujourd'hui.

Dira-t-on que la société coopérative, pour mériter ce nom, ne doit traiter qu'avec ses membres, et qu'elle

(1) *Journ. offic.*, 19 nov. 1876, p. 8427.

devient une association ordinaire, si elle vend, prête aux tiers, commerce avec eux? Mais en admettant même en principe l'exactitude de cette considération, il faut bien reconnaître que l'on ne saurait aujourd'hui caractériser de la sorte la société coopérative.

Si nous ne craignions de rester dans le vague, nous dirions que les coopérateurs tendent toujours, bien que par des procédés divers, à s'émanciper, à secouer le joug de quelqu'un, tantôt du capitaliste, tantôt d'un intermédiaire. Et encore, même en ne précisant pas davantage, ne sommes-nous pas certains que cette idée soit exacte pour la société coopérative en général, c'est-à-dire pour celle non seulement qui est, mais qui pourra être dans l'avenir.

Si, renonçant à trouver cette définition vainement cherchée, nous voulons seulement déterminer en quoi les sociétés coopératives connues jusqu'à ce jour se distinguent des autres, la tâche est plus facile.

On divise ordinairement les associations coopératives en sociétés de production, de crédit et de consommation. Nous nous efforcerons dans le cours de ce travail de nous écarter le moins possible de cette classification, qui, adoptée généralement par les auteurs, a le mérite d'offrir un cadre commode aux développements que comporte la matière.

Mais il est plus rationnel de ne distinguer que deux classes seulement, la première comprenant les sociétés de production, la seconde réunissant toutes les autres, c'est-à-dire les sociétés de crédit, de consommation, de constructions, sociétés pour l'achat ou la vente en commun, etc.....

Qu'entend-on par une société coopérative de production? Quel but veulent atteindre ceux qui la créent?

On entend par société coopérative de production celle que fondent des ouvriers, qui, après avoir réuni le capital nécessaire, s'établissent entrepreneurs.

Dans quel but le font-ils ?

L'ouvrier se plaint amèrement de l'organisation actuelle du travail, du régime du salariat. Le salaire, pour emprunter la définition qu'en donne M. Cauwès dans son *Traité d'économie politique* (II, p. 11), est « la rémunération réglée à forfait et promise à l'ou-« vrier pour prix de ses services pendant un temps « déterminé, ou pour prix de la confection d'un cer-« tain ouvrage à accomplir ». C'est, sous une autre forme, l'achat fait à l'avance par celui qui détient le capital de la part qu'il estime devoir revenir au travailleur dans le produit une fois achevé.

Si nous insistons sur ces notions élémentaires, c'est qu'elles servent à bien faire saisir l'exacte portée des revendications de l'ouvrier. Celui-ci se plaint précisé-sément que ce marché à forfait ne soit pas conclu sur des bases équitables, il prétend qu'il subit ce que les socialistes allemands ont appelé « la loi d'airain » du salaire. Si le nom est nouveau, l'idée ne l'est pas, et déjà au siècle dernier Turgot disait : « En tous genres de travail il doit arriver et il arrive que le salaire de l'ouvrier se borne à ce qui lui est nécessaire pour se procurer sa subsistance. » Et Stuart Mill à son tour vient affirmer : « qu'en Angleterre, il n'y a pas d'es-« pèce de travail dont la rémunération ne pût être « abaissée si l'entrepreneur poussait jusqu'au bout « les avantages que lui procure la concurrence. »

C'est avec un pareil point de départ que l'on arrive à représenter le capital comme le produit d'une véritable exploitation de l'homme par l'homme, que l'on en vient à l'appeler, selon une définition célèbre, « du travail non payé ».

Condamné de la sorte, le salariat, qui trouve encore d'ardents défenseurs même hors de la classe des prétendus exploiteurs, le salariat ne saurait-il pas être remplacé par un autre régime qui accordât au travailleur une rémunération plus équitable ?

Les uns prétendent que seul un bouleversement complet de l'ordre social peut donner la solution du problème ; d'ailleurs les bases nouvelles sur lesquelles on édifiera, après avoir détruit, varient suivant les systèmes.

Prenons un exemple en Allemagne, le pays où ces idées ont trouvé leurs plus ardents défenseurs. Les doctrines de Lassalle et de Karl Marx ont un point de départ commun, la notion que donne du salaire l'école anglaise ; elles aboutissent à une conclusion identique, la nécessité d'un remaniement complet de la société ; de nombreuses divergences s'établissent entre elles sur le choix des moyens à employer, mais l'une et l'autre, remarquons-le bien, déclarent absolument impuissant tout effort individuel tenté par l'ouvrier pour améliorer sa situation.

Sans s'arrêter aux doctrines moins radicales qu'a fait naître l'étude d'une aussi grave question, on voit une école poser un principe tout différent : elle attend de l'initiative individuelle, et d'elle seule, une amélioration dans le sort des classes ouvrières, et puisque nous considérions en Allemagne la lutte des divers systèmes, un nom, celui de Schulze Delitzsch, vient personnifier celui-ci. Il est vrai que Schulze Delitzsch recommande plus particulièrement la société de crédit ; mais la raison pour laquelle son nom doit trouver place ici, c'est que son école entre en contradiction formelle avec celles qui d'une façon ou d'une autre recourent à l'intervention de l'État, et on sait la lutte acharnée que le propagateur des banques populaires allemandes eut à soutenir contre Lassalle.

C'est principalement sur l'association constituée en vue de la production que les ouvriers comptent pour s'affranchir du salariat. Ils veulent se passer non du capital, qui est indispensable, mais du capitaliste, unir leurs forces impuissantes lorsqu'elles s'exercent isolément, mettre en commun leurs modestes ressources, obtenir un crédit qui leur est individuellement refusé, se constituer entrepreneurs, et garder pour eux seuls la valeur du produit au jour de sa réalisation.

Tel est le but de ceux qui fondent une société coopérative de production.

Si maintenant nous passons de la société de production à notre seconde classe d'entreprises coopératives, nous constatons que celles-ci ont pour but d'affranchir non plus du capitaliste mais de l'intermédiaire. Ainsi l'ouvrier, au lieu d'acheter les denrées nécessaires à sa subsistance chez le boulanger et l'épicier, entrera dans un société de consommation qui lui fournira à un prix modéré le pain et les articles d'épicerie. Le petit industriel, le boutiquier, le paysan en s'associant pour fonder une société de crédit mutuel, s'affranchissent du banquier et souvent aussi de l'usurier.

Ces exemples suffisent ; mais en les multipliant, on arriverait à démontrer que toutes les sociétés coopératives usitées, autres que celles de production, aboutissent à la suppression d'un intermédiaire ; d'où économie réalisée par l'associé et augmentation non plus directe, mais indirecte de ses revenus.

Nous reviendrons sur les nombreuses différences qui existent entre la société de production, l'association ouvrière, ainsi qu'elle s'est appelée jusqu'en 1860, et les diverses autres entreprises connues sous le nom de sociétés coopératives et faisant partie de notre seconde classe ; il était toutefois nécessaire d'indiquer dès maintenant la distinction.

On peut, il semble, déplorer que l'on ait réuni sous ce terme général de sociétés coopératives des institutions aussi diverses ; il aurait été bien préférable de conserver aux sociétés de production leur ancien nom d'associations ouvrières, de donner aux autres entreprises dites coopératives une dénomination spéciale (sociétés alimentaires, de crédit mutuel etc . . . .) Telle est la conclusion à laquelle doivent aboutir tous ceux qui, comme nous, estiment que la société coopérative n'est pas une société *sui generis*.

PREMIÈRE PARTIE

—

HISTOIRE DE LA COOPÉRATION

CHAPITRE Ier

DES ASSOCIATIONS OUVRIÈRES JUSQU'EN 1863.

Section i. — *Premières associations ouvrières*
Leur développement jusqu'en 1848.

Il faut remonter à 1831 pour trouver l'idée première de l'association ouvrière dans un *Journal des
« Sciences sociales,* » qui prit bientôt le nom de
« *l'Européen* » . — Son directeur, Buchez, avait conçu
tout un plan de régénération sociale, et l'association
ouvrière était d'après lui l'un des plus sûrs moyens
pour atteindre le but poursuivi. Esprit ardent,
religieux, désintéressé, il ne pouvait être compris que
par des esprits semblables au sien. Il échoua une
première fois, mais en 1834 ses efforts aboutirent à la
création de la première société de production, *l'association des bijoutiers en doré* fondée sous la raison
sociale *Leroy, Thibaut et Cie.* Leur succès fut rapide.
Tout d'abord la profession de Leroy et de ses camarades se prêtait bien à une pareille tentative ; la matière première qu'ils employaient est de peu de prix,
l'outillage qui leur était nécessaire est fort simple.

Conseillés par le promoteur de l'idée, assistés pécuniairement d'autre part, trouvant dans une foi religieuse profonde l'énergie indispensable pour vaincre les premiers obstacles, ils devaient réussir. Leur Société était caractérisée par l'existence d'un fonds indivisible qu'alimentait un prélèvement de près de 15 o/o opéré sur les bénéfices. Ce fonds devait assurer le fonctionnement perpétuel de la Société ; les associés n'y avaient aucun droit ; leur retraite, bien mieux la dissolution de la Société ne leur en attribuait aucun, car, en ce dernier cas, les sommes amassées étaient remises à l'autorité municipale, qui en disposait au profit de quelque œuvre charitable.

On comprend qu'une telle association ait été plus admirée qu'imitée.

D'autre part l'autorité se montrait fort sévère pour les sociétés naissantes, des poursuites étaient exercées contre celle des *Rubaniers de Saint-Etienne* et des condamnations rigoureuses prononcées contre ses membres pour coalition et association illicite.

Toutes ces raisons expliquent pourquoi de 1834 à 1848 il est impossible de constater la création de sociétés bien nombreuses ou bien prospères. — Celles qui se constituent, ainsi, par exemple, que l'*association des fondeurs en cuivre* (1836), ou *des imprimeurs* (1840) demeurent cachées.

Cependant la propagande la plus active est faite par une nouvelle feuille, parue en 1840 et rédigée par des travailleurs qui s'inspirent des théories de Buchez. Mais elle n'est lue que par une bien petite portion de la classe ouvrière. Tout autre alors est le succès des doctrines professées par Louis Blanc dont l'ouvrage sur « l'*Organisation du travail* » préconise l'intervention de l'État. Voilà les leçons que l'on écoute plutôt que les appels au dévouement, à la charité chrétienne contenus dans chacun des articles de l'*Atelier*.

Section II. — *Les associations ouvrières de 1848.*

Il faut la révolution de 1848, les débats passionnés qui s'élèvent alors sur toutes les questions sociales, et principalement sur l'organisation du travail, pour imprimer un mouvement nouveau à l'association ouvrière. Au lendemain même du 24 Février, le gouvernement provisoire s'engage à garantir l'existence de l'ouvrier par le travail, et aboutit, pour remplir sa promesse, à la création des trop fameux ateliers nationaux. Chacun répète avec Louis Blanc que le salut est dans l'association, organisée sous la haute tutelle de l'État, réunissant tous les ouvriers d'une même profession, attribuant à chacun une part égale dans les bénéfices. Au mois de Mars, le gouvernement provisoire passe avec l'*association des tailleurs* de Paris un marché aux termes duquel ceux-ci sont chargés de fournir l'habillement nécessaire à la garde nationale parisienne; toutes les facilités leur sont accordées, on leur fournit le local nécessaire, l'ancienne prison de Clichy, et lorsque les journées de Juin entraînent la dissolution de cette société, sa situation est prospère.

Il est à peine besoin de faire remarquer les conditions très exceptionnelles dans lesquelles elle avait été fondée, les faveurs qui l'entourèrent, l'assurance où elle se trouvait d'avoir du travail en abondance.

Cependant l'exemple paraît concluant, et, le 9 juin, M. Alcan professeur au Conservatoire des arts et métiers demande à l'Assemblée nationale de voter un crédit annuel de 3 millions pendant dix années, un tiers de la somme devant servir à subventionner les associations ouvrières. L'Assemblée refuse de s'engager pour l'avenir, mais à titre d'expérience elle alloue au ministre de l'agriculture et du commerce un crédit de 3 millions « destiné à être réparti à titre de prêt entre les associations librement contractées soit entre ouvriers, soit entre patrons et ouvriers ».

Cette allocation fut plutôt, ainsi que le dit M. Mathieu dans son rapport sur le projet de loi de 1867, « une concession aux nécessités du moment qu'une adhésion réfléchie aux tentatives qu'elle avait pour but d'encourager. »

Ce fut un peu ce qu'un écrivain socialiste appelle en son langage expressif « un os à ronger, jeté au socialisme dont on veut se débarrasser (1) ». Et en effet les crédits furent votés, non seulement par ceux qui espéraient en l'avenir de la coopération, mais aussi par ceux qui, à l'exemple de M. Thiers, ne voyaient en elle qu'une cause « d'anarchie dans l'industrie ».

Quelques jours après, l'Assemblée autorisa le ministre des travaux publics à accorder certaines facilités aux associations ouvrières qui voudraient concourir pour l'adjudication des travaux publics. Il s'agissait de les dispenser du cautionnement ordinaire, leur concéder le paiement anticipé de ce qui leur était dû, etc.

La Chambre fut cependant assez économe des res-

(1) Godefroy, *La question ouvrière* (1882).

sources budgétaires pour repousser un projet de loi qui aurait affecté une somme de cinquante millions à la création d'associations agricoles.

Fort heureusement d'ailleurs, car les faveurs accordées n'eurent aucun bon résultat, et furent plutôt nuisibles qu'utiles à la cause de l'association ouvrière. Il est tout d'abord injuste de déroger, en faveur de qui que ce soit, aux règles ordinaires de l'adjudication des travaux publics, et mieux vaut encore allouer franchement certains secours aux sociétés coopératives, que prendre ces moyens détournés. Le vote des trois millions fut aussi une mesure fâcheuse : le comité chargé de les répartir eut fort à faire pour juger, parmi les cinq ou six cents demandes qui lui furent adressées, celles qui méritaient une réponse favorable. Combien ne se créa-t-il pas alors de ces associations d'un jour qui n'eurent pour raison d'être que l'espoir de prendre leur part des largesses gouvernementales ! « Dans beaucoup de cas », dit un rapport de M. Reybaud à l'Académie des sciences morales et politiques, « il n'y « a ni travail réel, ni association sérieuse ; deux ou « trois personnes se partagent les avances du Trésor « et en disposent pour leurs besoins jusqu'à épuise- « ment. »

L'expérience aboutit donc à la perte, pour la majeure part, des trois millions qui furent prêtés ; mais il faut regretter, plus encore que le dommage matériel, le discrédit réel qui en rejaillit sur l'association ouvrière. Si les députés de la Constituante ont voulu, suivant le mot de M. Thiers, « guérir les esprits de cette grande folie », ils ont pu croire un instant le but atteint ; en effet, de trente sociétés parisiennes subventionnées en 1848, six seulement subsistaient en 1852.

Il faut plutôt chercher dans les événements de 1848 une leçon bonne à méditer, aujourd'hui surtout ; il faut se rappeler qu'il n'est pas de pire service à rendre aux associations ouvrières que de trop faciliter leurs débuts. Les difficultés des premiers jours permettent aux travailleurs d'acquérir les qualités indispensables dans de pareilles entreprises : la persévérance et l'énergie. La nécessité de constituer un capital pour subvenir aux frais de premier établissement opère une sélection parmi les futurs associés et substitue à l'enthousiasme du premier moment un sentiment plus exact des difficultés qu'il faut vaincre.

Les faits viennent à l'appui de ce qui précède. En juillet 1848, cinq cents ouvriers et patrons facteurs de pianos projettent une association ; ils en établissent les bases et demandent un prêt au comité chargé de répartir les trois millions ; il leur est refusé. De tous ceux qui devaient constituer la société primitive il en demeure quatorze, qui s'établissent, et après des débuts pénibles, réussissent mieux que les plus optimistes ne pouvaient l'espérer.

Telle est l'histoire d'autres sociétés, telles que celles des ferblantiers-lampistes, des tourneurs de chaises, des corroyeurs, des lunettiers.

Ces simples exemples font voir que les sociétés parisiennes n'étaient fondées qu'en vue de la production, et c'est encore là une des causes de leur insuccès. L'association coopérative de production offre de grandes difficultés, exige les plus hautes qualités chez ceux qui la pratiquent, et remarquons-le, des qualités qui étaient particulièrement rares chez les hommes de 1848. Comment demander à des ouvriers pénétrés d'idées égalitaires de se soumettre aux ordres d'un gérant ? Comment exiger d'eux l'esprit d'épargne et d'économie, lorsque l'État leur offre un crédit qu'ils estiment leur être dû ? Il leur paraît plus digne de n'obéir à personne, plus commode de puiser dans les caisses du Trésor. Quant à s'associer pour avoir à meilleur marché la nourriture, le logement, le crédit, cela n'en vaut pas la peine.

La province comprit mieux ses véritables intérêts, et l'on y trouvait alors des sociétés dites alimentaires qui rendaient de très grands services. On ne possède pas de données très exactes sur le nombre qu'elles atteignirent, mais il fut, dans certaines villes, assez considérable. Les sociétés de production s'y étaient aussi développées durant les dernières années ; c'est ainsi que vingt-neuf d'entre elles avaient adressé des demandes de prêt au comité de répartition, et qu'il leur avait été alloué au mois de décembre 1849 plus de deux millions, soit les deux tiers de la somme disponible. Beaucoup d'ailleurs parmi elles n'avaient de sociétés ouvrières que le nom, et bien souvent des chefs d'entreprise, gênés dans leurs affaires, avaient constitué avec leurs ouvriers des associations simulées dont ils conservaient la direction et tous les bénéfices.

Si les renseignements précis font en général défaut sur l'état de la coopération dans les départements, ils nous sont au contraire fournis en abondance pour tout ce qui concerne Lyon. Sans vouloir retracer l'histoire parfois très intéressante des associations lyonnaises à cette époque, dont on trouvera les détails dans l'excellent ouvrage de M. Flotard sur « le mouvement coopératif à Lyon et dans le Midi de la France », il faut en dire quelques mots.

La *Société des menuisiers*, fondée le 1er août 1848, se développa rapidement, mais se perdit en voulant donner une trop grande extension à ses affaires; elle allait se liquider, pour se reconstituer sur de nouvelles bases, lorsqu'un arrêté de décembre 1851 la supprima.

Celle des *tailleurs de pierre* eut de moindres ambitions que la précédente, mais elle lui eût certainement survécu si elle n'avait été violemment dissoute au coup d'Etat.

A côté d'assez nombreux échecs subis par une association de *charpentiers*, de *veloutiers*, qui reçut deux cents mille francs du comité de répartition, on peut citer comme l'une des rares Sociétés qui aient survécu, celle des *ouvriers fabricants de soieries*, dont la fin ne fut pas d'ailleurs très heureuse. — Il faut interrompre cette énumération de tentatives qui aboutirent presque toutes à des liquidations désastreuses. Aussi était-il difficile d'allier à d'aussi hautes visées une inexpérience plus grande, souvent même une mauvaise volonté plus manifeste.

Dans les départements voisins du nôtre, il ne faut pas chercher, en fait de sociétés de production, des entreprises beaucoup plus heureuses, car celles dont on peut vanter le succès ne sont pas à proprement parler coopératives: la *Société de Beauregard* instituée d'abord pour la vente des denrées alimentaires, puis se reconstituant comme société agricole après l'arrêté de dissolution qui vint la frapper, devenue depuis société de production et d'alimentation, présente à divers points de vue le caractère d'un œuvre philanthropique. — La Société créée le 1er octobre 1851 à Jailleu (Isère), dans l'établissement de M. Perrégaux, se distingue seulement par ce fait que les ouvriers constituent la majeure partie des actionnaires. La *Société des tailleurs de pierre de Villebois* (Ain), déjà ancienne puisqu'elle avait été fondée en 1835, liquidée en 1842, reconstituée en 1849, devait encore traverser des tribulations multiples ; c'était bien cette fois une véritable société de production, mais formée entre petits patrons plutôt qu'entre salariés.

Nous arrivons aux sociétés alimentaires, et, sans vouloir anticiper sur les détails que nous fournirons plus tard sur cette forme de société coopérative, il faut rappeler que son but est de fournir à ses membres le pain, les articles d'épicerie, parfois le charbon, avec une réduction de prix que permettent les achats en gros.

En 1848, comme aujourd'hui encore, Paris semble offrir un terrain peu favorable au développement de ces entreprises ; c'est à Lyon et dans quelques autres villes de province qu'il faut les chercher. Il s'en crée un certain nombre de 1849 à 1851, mais ce mouvement, violemment arrêté au 2 décembre, ne se développera que 12 ans plus tard. Lille, Bordeaux, Dijon, Orléans, et plusieurs autres villes de province, possédaient, si l'on en croit le journal l'*Association* (nov. 1865), trente-huit sociétés alimentaires, en décembre 1851. Ajoutons les associations lyonnaises qui ne sont pas comprises dans ce chiffre, et citons parmi elles les *Travailleurs unis* et la *Société des Castors*. La première était assez prospère, pour que, lorsqu'elle liquida, en 1851, son actif net s'élevât à 43,000 fr. Elle avait ouvert quinze ou seize magasins, fait pendant le dernier exercice pour près d'un million d'affaires, fondé enfin une caisse de retraite pour ceux d'entre ses membres que l'âge ou les infirmités trouvaient sans ressources.

Le coup d'État vint donc, quoi qu'on en ait dit, arrêter un mouvement très intéressant. On a souvent prétendu que l'autorité, en supprimant les associations ouvrières, leur avait rendu un grand service, et les avait soustraites à une lente agonie : c'est là une erreur ou tout au moins une exagération, il n'est pas besoin de le démontrer.

Ce fut un arrêté du maréchal de Castellane, qui ordonna à Lyon la liquidation, sous la surveillance du commissaire de police, des « sociétés fraternelles »; tel était le nom pris en effet par ces associations, redoutables foyers du socialisme révolutionnaire.

A Paris il ne fut pris aucune mesure de répression contre elles; quelques unes procédèrent elles-mêmes à leur liquidation pour éviter des rigueurs que l'on ne songeait pas à exercer contre elles ; d'autres se dissimulaient, vivaient cachées.

SECTION III. — *Les associations ouvrières de 1851 à 1863.*

Pendant les dix ou douze années qui suivirent, et tandis qu'à l'étranger on entrait hardiment dans la voie que nous avions tracée, le silence se faisait chez nous sur les associations ouvrières, et les voix isolées qui voulaient le rompre trouvaient peu d'écho. Dans la classe des travailleurs cependant l'idée demeurait, objet de bien des espérances tenues secrètes dans la crainte du pouvoir, que l'on croyait hostile.

Les sociétés fondées à cette époque furent bien rares ; on peut signaler pourtant celle des *peintres en bâtiments parisiens* (1857), deux *associations de tisseurs* à Villefranche (Rhône) créées en février et mars 1856, à Lyon et St-Etienne des sociétés de consommation, entre autres deux de celles que nous retrouvons aujourd'hui, l'*Avenir des travailleurs* et l'*Épicerie ouvrière de la rue Dumenge* (1859 et 1860).

En 1862 les ouvriers de divers corps de métier étaient délégués à l'exposition universelle de Londres; frappés du développement considérable qu'avait déjà pris la coopération en Angleterre, ils revenaient en déclarant qu'il ne fallait pas chercher ailleurs un remède aux maux dont il souffraient. Cette fois, leurs vœux allaient être entendus.

DE LA COOPÉRATION EN EUROPE VERS 1863
DES SOCIÉTÉS COOPÉRATIVES EN FRANCE DE 1863 A NOS JOURS

Diverses circonstances contribuaient à l'essor nouveau que prirent les associations ouvrières vers l'année 1863 : les nouvelles tendances de la politique impériale, la présence à la Chambre des représentants que l'opposition venait d'y envoyer, et plus encore que tout cela un revirement de l'opinion publique en faveur de la coopération secondaient les efforts des ouvriers. On lisait et commentait un livre de P. Beluze, propagateur d'une idée, qui, si le principe en avait été posé en 1848, n'avait jamais été développée ni surtout sérieusement appliquée : il s'agissait du Crédit au travail.

Il s'était trouvé à Lyon, quinze ans auparavant,

un citoyen Renaud, qui s'était fait avec plus d'ardeur que de clairvoyance le défenseur d'un projet de *Banque générale et fraternelle*. Elle devait, tout en ne demandant à ses membres qu'une cotisation individuelle de cinq centimes par jour, fournir aux vieillards une pension de retraite, aux malades l'assistance, aux jeunes gens âgés de vingt-un ans une dot.

On ne songeait pas, en 1863, à rééditer ces projets fantastiques ; mais quelques esprits sérieux, émerveillés de ce que les Allemands obtenaient par la seule force de l'association, voulaient qu'on les imitât, ou plus exactement qu'on s'inspirât de leurs exemples. Il ne s'agissait pas en effet de copier simplement les banques du peuple fondées chez nos voisins, et qui s'adressaient plutôt aux classes moyennes de la société qu'aux ouvriers, aux salariés. C'étaient ces derniers seuls que l'on voulait aider, c'était le crédit au travail qu'il s'agissait de faire naître, et nous verrons que l'on aboutit de la sorte à fonder de vastes sociétés de propagande, destinées à seconder les efforts des coopérateurs.

L'Angleterre aussi bien que l'Allemagne offrait le spectacle d'associations ouvrières très florissantes, et puisque les regards se tournaient vers ces deux pays, à l'époque où nous sommes arrivés, il faut voir ce qui s'y passait.

SECTION I. — *De la coopération en Allemagne en 1863.*

Allemagne. — Les diverses phases de la Révolution française de 1848 avaient été observées par les Allemands avec un extrême intérêt ; les idées qui se faisaient librement jour chez nous, les réformes ac-

complies ou réclamées par le parti triomphant,
étaient l'objet d'un examen attentif chez nos voisins.
Ainsi, bien mieux que nous, qui demandions à l'association ouvrière plus qu'elle ne pouvait donner, ils
surent comprendre ce que l'on devait en attendre.
Remarquons en effet que la société de production n'a
jamais joui chez eux de beaucoup de faveur ; elle entre
bien dans le programme de Schulze Delitzsch, mais
il ne l'assigne pas comme but immédiat à l'activité
de ceux qu'il dirige ; pour lui l'association doit leur
procurer avant tout le crédit et l'épargne.

Le nom et l'œuvre de Schulze Delitzsch sont trop
connus, sa vie a été trop souvent retracée, pour que
nous fassions de nouveau ici sa biographie. Il est
préférable de rechercher quelles furent les causes du
succès de ses efforts, et de discuter le principe même
qui constituait la base de son système.

Lorsque, en 1852, il commença la propagande qu'il
poursuivit jusqu'à sa mort, la population à laquelle
il s'adressait était bien disposée pour profiter de ses
leçons. L'habitude de l'association est invétérée chez
les Allemands ; ils ont l'esprit de discipline qui fit
toujours défaut à nos ouvriers ; ils sont plus patients
et moins facilement abattus par un premier insuccès.

Une raison, qui, mieux encore, assura la réussite
de Schulze Delitzsch, fut l'opportunité de l'œuvre
qu'il entreprenait ; il existait alors, et il existe encore
en Allemagne toute une classe d'individus, petits
artisans, agriculteurs, ou commerçants, qui manquent
par dessus tout de crédit. Il s'agissait de leur en
procurer. On sait les résultats merveilleux qu'ont
obtenus les banques d'Écosse, dans une situation à
peu près analogue. Mais il eût été impossible de les

copier en Allemagne : sans parler du caractère particulier du peuple auquel elles s'adressaient, les banques d'Écosse pouvaient pratiquer le prêt à découvert
avec une grande hardiesse, parce que leur cercle
d'action était restreint ; ainsi en 1864 il existait
17 banques principales, et 615 succursales pour une
population de trois millions et demi d'habitants.
Dans ces conditions le prêteur sait exactement ce que
vaut la signature de l'emprunteur, et au jour où ce
dernier, économe, laborieux, se présente en offrant
en outre la garantie personnelle de deux cautions, le
premier court peu de risques à lui avancer ce qu'il
demande.

Il y avait dans cet engagement de plusieurs au profit
d'un seul une idée féconde, dont Schulze Delitzsch
comprit la portée ; il l'amplifia pour ainsi dire, et
établit la solidarité comme base de son système. Il
comprit que lorsqu'un individu ne fournit d'autre
sûreté que sa bonne volonté, ses qualités intellec-
tuelles et morales, le prêteur auquel il s'adresse peut
à juste titre se montrer méfiant, mais qu'il doit au
contraire avoir toute sécurité si plusieurs promettent
solidairement la restitution de la somme empruntée.
Par conséquent, dit-il à tous ceux qui ont besoin de
crédit, si vous vous connaissez suffisamment les uns
les autres, pour garantir à l'occasion le remboursement de la dette que l'un de vous contractera, associez-
vous, constituez un premier capital du produit de vos
cotisations. Ceci fait, et afin de pouvoir rapidement
élargir le cercle de vos opérations, empruntez au
public sous votre responsabilité solidaire, puis répar-
tissez entre vous, lorsque le besoin s'en fera sentir,
les fonds que vous aurez ainsi recueillis.

L'association constituée sur ces bases exigera de ses membres emprunteurs un intérêt sensiblement plus élevé que celui qu'elle paie elle-même au public. Elle réalisera ainsi des bénéfices dont une part ira grossir la réserve, et dont l'autre sera portée aux comptes des sociétaires ; lorsque chacun d'entre eux aura complété l'apport qu'il a promis, il aura le droit de toucher les dividendes qui lui seront plus tard attribués, mais il pourra, s'il le préfère, les laisser à titre de dépôt dans la société.

Il faut signaler un écueil. L'association doit se garder de chercher dans l'engagement solidaire de ses membres l'unique moyen de crédit, et il lui est essentiel d'exiger de ceux qui la composent un premier versement, puis des cotisations périodiques. Il peut paraître beaucoup plus simple et plus commode de les exonérer de ce léger sacrifice, dans l'espérance qu'ils pourront effectuer leurs apports en prélevant la somme nécessaire sur les futurs bénéfices. Le système ainsi appliqué est absolument faussé, car la solidarité ne doit intervenir que comme aide de l'épargne, lorsque les associés ont réuni la petite somme qu'on leur demande. Et le public ne s'y laissera pas tromper, il ne leur accordera sa confiance que dans la mesure exacte des sacrifices qu'ils auront su s'imposer.

La crainte d'une telle déviation du principe de solidarité n'est pas chimérique ; les faits l'ont bien prouvé : on a vu en effet des sociétés de crédit mutuel se fonder en Allemagne sans exiger aucun versement de leurs membres. Schulze Delitzsch s'est élevé énergiquement contre cette pratique, l'a dénoncée comme illégale devant le Parlement et a réclamé à diverses reprises la réforme de la loi de 1868 qui régit les so-

9

ciétés coopératives. Il demandait donc qu'on y introduisît une disposition rendant nécessaire ce premier versement ; mais on lui a toujours opposé une fin de non-recevoir, lui disant qu'une refonte générale de la loi sur les sociétés était préparée, et que les réformes qu'il proposait seraient alors discutées.

Voilà l'écueil que doivent éviter les sociétés naissantes ; le danger vient en ce cas d'une sorte d'abus de la solidarité. Or, il faut par contre indiquer comment, chez les sociétés qui sont arrivées à un certain degré de maturité, cette même solidarité devient inutile, et doit disparaître.

Lorsque l'association s'est développée, elle prend un autre caractère, elle admet de nouveaux membres sans exercer un contrôle bien sérieux sur leur valeur personnelle, elle tend à devenir, d'une société de personnes qu'elle était, une société de capitaux. A dater de ce jour, la solidarité des membres n'a plus sa raison d'être, elle deviendrait même dangereuse, parce qu'elle ne repose plus sur la connaissance exacte des associés.

Schulze Delitzsch s'en est le premier rendu compte et a fait voter les lois allemandes de 1867 et 1868, qui ont en réalité rendu la solidarité des membres plus nominale que réelle.

Le nom de Schulze Delitzsch, qui se retrouve si souvent dans cette histoire de la coopération en Allemagne, ne peut être séparé de chacun des grands faits qui la composent. C'est vers 1852 que M. Schulze (il adjoignit plus tard à son nom celui de sa ville natale) reconstitua sur les bases que nous connaissons une société de crédit fondée à Delitzsch, et présentant bien plutôt le caractère d'une institution cha-

ritable que d'une association de crédit mutuel. Le
succès fut rapide, et en 1859, 200 sociétés de crédit
s'étaient créées à l'imitation de celle de Delitzsch ;
en 1861 on en comptait 340, en 1862 511. Ces chiffres sont empruntés à l'agence générale des associations allemandes, fondée en 1859, et dont la direction fut confiée à Schulze Delitzsch. Ce dernier dut
toutefois surmonter bien des obstacles, combattre le
mauvais vouloir de l'administration qui voulait, contrairement aux règles du droit commun, que les sociétés nouvelles fussent autorisées par le pouvoir,
soutenir contre Lassalle une lutte acharnée qui dura
jusqu'à la mort du célèbre socialiste (1864). Partisan
convaincu de l'intervention de l'État, Lassalle voulait
l'association soumise à la haute tutelle gouvernementale, commanditée par le Trésor ; il demandait qu'un
crédit de 250 millions de thalers fût affecté à la création de vastes ateliers corporatifs, où les ouvriers de
chaque corps de métier eussent trouvé place. Malgré
le réel talent mis au service de cette cause, elle était
condamnée par le succès même de l'œuvre de Schulze
Delitzsch.

Nous avons donné déjà une idée générale de la
Banque populaire allemande ; il faut ajouter quelques
détails relatifs à son fonctionnement. L'individu admis
dans la Banque populaire (*Volks-bank*,) devait faire
une première mise qui variait entre 1 et 5 thalers (1),
compléter la part qu'il avait souscrite par des versements mensuels ou bi-mensuels ; les bénéfices qui lui
étaient attribués allaient grossir son compte, mais ne
lui étaient pas remis jusqu'au jour où il était déclaré

(1) Le thaler étant estimé à 3 fr. 75.

quitte envers la société. Au capital propre ainsi constitué s'ajoutait celui qui était emprunté sous la garantie solidaire de tous les associés. Une certaine relation devait être maintenue entre l'un et l'autre ; et, aujourd'hui encore, il est écrit dans les statuts de plusieurs sociétés que le second doit arriver à égaler le premier ; en fait il n'en a jamais été ainsi, et, dans les associations les plus prudentes, le capital d'emprunt est toujours demeuré double du capital propre. C'est là un fait qui crée suivant certaines personnes une situation dangereuse aux sociétés de crédit ; si une panique se produisait, dit-on, il serait impossible de faire face aux demandes de remboursement ; le public jusqu'à présent semble exempt de pareilles craintes, puisque chaque année il se contente d'un intérêt moins élevé ; aujourd'hui on ne lui donne guère plus de 4 %.

Le taux de l'intérêt demandé aux associés qui veulent emprunter est tout autre, soit 7 à 8 %, y compris le droit de commission. Ce sont là, semble-t-il, des conditions bien onéreuses pour les clients de la Banque, et cependant si l'on songe à celles qu'ils devaient subir auparavant, on ne saurait méconnaître l'avantage qu'ils retirent de la société.

Jusqu'à concurrence du montant des versements effectués, l'associé emprunte sur sa propre signature ; au-delà, la Banque lui prête dans d'assez étroites limites, en général un tiers ou un quart en sus. S'il a besoin d'une somme supérieure, il demande à l'un de ses associés de se porter garant de son obligation. Enfin, quel que soit le montant des apports qu'il a effectués, quelles que soient les garanties personnelles ou réelles qu'il offre, on ne lui avance pas au-delà d'une certaine somme que les statuts déterminent.

La durée des prêts doit être à peu près la même que celle des emprunts ; il y a là une règle de bonne gestion financière qu'il ne faut jamais négliger. Ils sont en général consentis pour trois mois, avec prolongation possible.

L'associé qui veut se retirer doit notifier sa volonté un certain temps avant la clôture de l'exercice. La restitution à laquelle il a droit ne comprend aucune part du fonds de réserve, mais seulement ses versements et les dividendes inscrits à son compte.

Le personnel des Banques du peuple n'est, malgré ce nom, composé que pour une faible partie d'ouvriers, 15 % tout au plus ; c'est dans la classe moyenne qu'il se recrute surtout. On comprend ainsi le reproche adressé par Lassalle à l'œuvre de Schulze Delitzsch, lorsqu'il prétendait qu'elle était inutile à l'affranchissement des salariés.

A côté des sociétés de crédit mutuel, dont il vient d'être parlé, il existait depuis 1848 des banques qui s'adressaient spécialement aux populations agricoles ; jamais Schulze Delitzsch n'a voulu admettre l'idée de pareilles sociétés, car il considérait comme une condition essentielle du succès, l'introduction d'éléments variés dans les sociétés d'avances. M. Raffeisen, tout au contraire, a travaillé, non sans succès, à la création d'associations agricoles peu connues en France, car elles ne sont pas reliées à une agence centrale qui puisse fournir sur leur compte les renseignements désirés.

Il faut enfin signaler en Allemagne vers l'année 1863 un certain nombre d'autres sociétés pour l'achat de matières premières nécessaires à l'industrie, pour la vente en commun d'objets fabriqués individuellement, quelques sociétés de consommation, des sociétés de production moins nombreuses encore, puisque M. Singuerlet, dans son livre sur les Banques du peuple, n'en relèvera que dix, deux années plus tard.

SECTION II. — *De la coopération en Angleterre en 1863.*

Angleterre. — L'Angleterre, plus encore peut-être que l'Allemagne, était donnée en exemple par ceux qui se faisaient en France les défenseurs de la coopération. Le mot lui-même était d'origine anglaise, et dès le commencement du siècle il était employé par Robert Owen dans un sens assez différent il est vrai, puisqu'on y attachait alors une idée communiste.

Si l'on peut faire remonter à Robert Owen l'histoire de la coopération en Angleterre, il est du moins bien difficile de donner des détails précis sur ses diverses phases antérieures à 1844. Il demeure cependant acquis, qu'avant cette époque il se créa un certain nombre d'associations ouvrières, inspirées du fondateur de la première « usine coopérative ». Bien mieux, la société des *Equitables Pionniers de Rochdale* se trouve dans le même cas ; parcourons ses statuts, et nous y verrons que la société se propose, sinon immédiatement, du moins comme but final, comme couronnement de son œuvre, « d'organiser la production, la distribution du « travail et des fruits du travail, l'éducation, le gou- « vernement, etc. ».

L'histoire de la société des « *Equitables Pionniers de Rochdale* » est trop connue pour que l'on en réédite les détails. Rappelons seulement qu'en décembre 1844 quelques ouvriers tisseurs de la ville de Rochdale ouvraient un modeste magasin pour la vente de quelques denrées alimentaires; le capital primitif était de 700 fr., leurs économies d'une année entière. Malgré l'hostilité des petits débitants, l'indifférence des uns, les sarcasmes des autres, le cercle de leurs opérations s'étendit assez, pour qu'au moment où nous considérons cette association, c'est-à-dire en 1863, elle comptât 4,000 membres, possédât un capital de plus d'un million, et fit pour plus de 3 millons et demi d'affaires. Ces chiffres significatifs ont rendu justement célèbres les Equitables Pionniers.

Ce nom caractérisait bien les vues ambitieuses de leur société. Dans le vaste programme qu'ils s'étaient tracé, la société de consommation tenait la première place, mais n'était pas le seul objet de leurs efforts et leur seule ambition; cette première étape franchie, il en restait d'autres à parcourir. Mais, si l'on veut poursuivre la comparaison, on constate que les Pionniers sont demeurés en route; et, en effet, aujourd'hui où le capital de la société de Rochdale dépasse 300,000 liv. sterl., soit 7 millions et demi de francs, où le nombre de ses membres approche de 12,000, cette entreprise est avant tout une société de consommation; elle produit mais accessoirement, et nous doutons même qu'elle associe à ses bénéfices ceux qu'elle occupe; quant à l'éducation et au gouvernement, autres termes de son programme, elle n'en a cure, et elle fait bien. Il s'est passé pour les coopérateurs anglais ce que nous avons constaté en Allemagne : dans les deux pays, les promoteurs de l'idée coopérative tracèrent un vaste programme dont les sociétés de crédit et de consommation n'étaient que les deux premiers termes; mais au lieu de poursuivre la réalisation chimérique de la réforme entreprise, les travailleurs, satisfaits des résultats obtenus avec ces deux espèces de sociétés, se sont toujours montrés peu disposés à essayer autre chose.

L'exemple si encourageant de la société de Rochdale ne trouva tout d'abord que peu d'imitateurs : cependant en 1863 l'Angleterre possédait 322 sociétés de consommation avec 90,000 membres, et un capital équivalent à 10 millions de francs. Ces chiffres sont empruntés au *Registrar*, fonctionnaire qui enrégistre la naissance des sociétés nouvelles, et reçoit le bilan annuel de toutes celles qui existent.

L'organisation des « *Sociétés distributives* », car c'est là le terme propre des associations qui nous occupent, est assez simple.

Toutes les classes de la société peuvent bénéficier de cette institution; on ne demande à celui qui veut être admis qu'une solvabilité suffisante pour satisfaire à ses engagements.

La Société achète en gros les denrées nécessaires, et les revend à un prix sensiblement supérieur au prix de revient; elle vend non seulement à ses associés, mais encore aux tiers, et elle attire ces derniers par l'espérance d'une part dans les bénéfices; celle-ci ne leur est pas distribuée de suite, elle est portée à leur compte, jusqu'à ce qu'ils soient constitués propriétaires d'une action. Cet appel au public est considéré en général en Angleterre comme l'une des principales causes du succès des sociétés distributives.

Les bénéfices nets sont divisés en deux parts, dont l'une est attribuée à ceux seulement qui font partie de la société, l'autre aux acheteurs, qu'ils soient actionnaires ou non. La Société consent à conserver en compte courant la part qu'elle attribue à ses membres, et leur sert parfois un intérêt fort élevé.

Au moment où nous nous plaçons, c'est-à-dire en 1863, on songeait à créer la première de ces sociétés d'achats en gros qui ont rendu de si grands services aux sociétés distributives ; sous le nom de *Wholesale*, elle devait jouer vis-à-vis des associations ordinaires, le rôle que celles-ci remplissent vis-à-vis des simples particuliers ; c'est-à-dire les fournir des marchandises nécessaires, à un prix très modique que de vastes approvisionnements leur permettaient d'atteindre.

A côté des sociétés distributives, l'Angleterre comptait un certain nombre d'autres associations coopératives. Toutefois celle qui prospérait en Allemagne ne trouvait pas chez elle un terrain favorable ; dans un pays de grande industrie et de grande culture il existe fort peu de ces gens de situation moyenne parmi lesquels les banques populaires recrutent leurs membres ; les ouvriers ne peuvent que bien difficilement s'établir pour leur compte, et s'il s'agit simplement pour eux de se procurer en temps de chômage, de grève ou de maladie, le crédit nécessaire, les sociétés de secours mutuels, et les *Trades Unions* qui fonctionnent, on le sait, comme sociétés de prévoyance, subviennent à ces besoins d'un moment. Cependant il existait un assez grand nombre d'associations de crédit formées entre ouvriers sous le nom de « *Friends of labour societies* ». Il faut ajouter que certaines sociétés distributives, et un peu plus tard la Wholesale de Manchester, consentaient fréquemment des prêts à leurs adhérents, et recevaient leurs épargnes en dépôt.

Les sociétés de production étaient fort rares et rien

n'est plus explicable chez un peuple où l'industrie
étant exercée par de grands manufacturiers, la concurrence est impossible pour une association d'ouvriers dénués de ressources.

Au contraire, les « *Building societies* » ou sociétés
de construction, forme que nous voyons apparaître
pour la première fois, se multipliaient déjà beaucoup
à cette époque. Chacun connaît les résultats merveilleux dus à l'initiative de quelques manufacturiers
de Mulhouse, entre autres de M. Jean Dollfus ; leurs
ouvriers acquièrent, au moyen de versements annuels
dont le montant ne dépasse pas beaucoup le prix
ordinaire d'un loyer, la propriété de logements salu-
bres et confortables dont la réunion constitue les
« Cités ouvrières ».

Ce qui était ainsi créé en Alsace par quelques phi-
lanthropes éclairés, l'initiative des intéressés eux-
mêmes l'avait entrepris en Angleterre dès avant 1863.
Un certain nombre d'ouvriers, d'employés, de petits
commerçants, voire même de fonctionnaires, s'associent, réunissent le capital nécessaire à la construction
de la première maison, et, lorsqu'elle est élevée, en
disposent au profit de l'un d'eux désigné par le sort ;
à dater de ce jour les cotisations s'accroîtront des
annuités que l'occupant de ce premier immeuble se
sera engagé à payer. Le crédit ne fera pas défaut à la
Société qui offrira bientôt aux prêteurs, en outre de
la garantie personnelle de ses membres, un droit d'hypothèque sur ses immeubles.

Tel est, dans ses traits généraux, le fonctionnement
d'une société de construction. Il y avait là une forme
très heureuse de la coopération et dont on n'a jamais
su chez nous comprendre tous les avantages.

Section III. — *Sociétés coopératives de France de 1863 à nos jours.*

La France, et avec elles d'autres nations européennes, l'Italie, la Belgique, l'Autriche, s'inspirant des résultats obtenus soit en Allemagne, soit en Angleterre, favorisaient le développement des sociétés coopératives. Chez nous, tout particulièrement, le pouvoir se montrait bien disposé à leur égard, ainsi que le prouvait la création récente de la Société du Prince Impérial, qui devait fournir des prêts aux ouvriers.

§ 1. — **Société de Crédit au travail. — Sociétés de Crédit mutuel.** — Au mois d'octobre 1863, P. Beluze, auteur d'une brochure dont il a été parlé plus haut, fondait la banque du *Crédit au travail.* Son programme était le suivant : « Créditer les associations généralement quelconques soit en leur fournissant des fonds à titre de participation, soit en recevant à l'escompte les valeurs commerciales créées ou endossées par elles, soit en leur ouvrant un crédit sur garanties convenables. »

Cet extrait des statuts suffit à montrer que le fondateur du *Crédit au travail* n'imitait nullement les Banques populaires allemandes, il créait non une Société coopérative, mais une maison de crédit dont le but était de seconder les associations ouvrières. En raison des services que celles-ci en retirèrent on ne peut passer sous silence l'histoire du *Crédit au travail* et des quelques autres institutions similaires qui se fondèrent dans la suite : pour éviter toute confusion on peut leur donner le nom de Sociétés de propagande.

Ce nom est d'autant mieux justifié pour le *Crédit au travail* que celui-ci, à côté de l'appui matériel qu'il offrit aux associations naissantes, leur fut aussi du plus grand secours, en créant à leur intention un comité spécial où elles allaient chercher les renseignements juridiques nécessaires. La stricte observation de la loi leur semblait le plus sûr moyen pour éviter une répression toujours redoutée et l'avis de jurisconsultes était pour elles d'un grand prix.

Le *Crédit au travail* eut le plus heureux succès et rendit d'importants services à la cause de la coopération. Fondé au capital de 20,000 fr., il en possedait un de 200,000 deux années plus tard ; en 1866, ses affaires s'élevaient au chiffre de 10 millions ; il avait escompté jusqu'alors pour plus de 3 milliards d'effets de commerce, et commandité d'importantes sociétés coopératives, de production pour la plupart. A côté des versements effectués par ses membres il se procurait des ressources considérables, grâce aux comptes courants qu'il établissait, soit avec les associations elles-mêmes, soit avec de simples particuliers, et, comme il émettait, en outre, des bons de caisse pour une assez forte somme, il opérait avec un capital dont le tiers au plus lui appartenait en propre.

A côté du *Crédit au travail*, il se créait aussi à Paris en 1865 une « *Caisse d'escompte des Associations populaires* » qui avait de même pour but de favoriser la création de sociétés coopératives.

En Janvier 1866, une autre maison de banque se fondait sous le nom de « *Caisse d'escompte des Sociétés coopératives* ». Elle n'était pas absolument semblable aux deux précédentes, et, en fait, c'était bien une société de crédit ordinaire : elle ne refusait pas des prêts aux associations ouvrières, mais elle exigeait des garanties ou une solvabilité bien connue. Aussi ne leur rendit-elle que peu de services, malgré son capital considérable d'un million, dont une moitié avait été souscrite par l'empereur.

Enfin il existait, toujours à Paris, un certain nombre de *Sociétés de crédit mutuel*, se rapprochant des banques du peuple allemandes. Leurs rapports avec les maisons telles que le Crédit au travail étaient constants, et on ne peut pas se rendre un compte exact de l'utilité de ces dernières sans connaître les associations de crédit mutuel. L'idée première est toujours la même : un certain nombre de personnes s'assemblent afin de se procurer le crédit qu'elles ne pourraient obtenir isolément ; elles constituent le fonds social en réunissant leurs économies et en s'engageant à certains versements pour l'avenir ; mais on comprend qu'avec ces ressources modiques le cercle des opérations de la nouvelle société serait très restreint. A quel moyen recourir pour l'étendre ? En Allemagne, on augmente le capital par des emprunts contractés sous la garantie solidaire des associés. Or, chez nous, cette solidarité a toujours effrayé les travailleurs. Ne se rendent-ils pas bien compte des avantages qu'elle procure ? redoutent-ils à l'excès les risques qu'elle fait courir ? Le fait est que si l'on excepte les premières associations ouvrières dues à l'initiative de Buchez, on en trouve beaucoup plus constituées en commandite qu'en nom collectif. Repoussant le principe de solidarité, les sociétés de crédit mutuel, au lieu d'appeler à elles les capitaux étrangers, entrent en relation avec une banque telle que le *Crédit au travail;* elles peuvent exceptionnellement lui emprunter et augmenter ainsi directement leurs ressources; mais en général elles lui demandent des services d'une autre nature. Ainsi, par exemple, un membre de la société de crédit mutuel a besoin d'argent : il souscrit, à cet effet, un billet à l'ordre de la Société ; celle-ci va de suite le faire escompter par le *Crédit au travail*, qui se montre moins exigeant qu'une banque ordinaire, et de la sorte, avec un capital modique, les associations de crédit mutuel peuvent faire face à de nombreuses demandes d'emprunt.

On comprend maintenant de quelle façon elles combinent leur action bienfaisante avec celle des sociétés de propagande, et suppléent, grâce à ces dernières, à l'insuffisance de leurs ressources propres.

Mais, dira-t-on, la clientèle des sociétés de crédit mutuel est composée surtout de petits artisans libres, de petits commerçants, et le problème du crédit au travail, ou plutôt au travailleur, demeure irrésolu. Celà est vrai, mais l'ouvrier salarié a bien plutôt besoin d'épargner, et d'entrer dans des associations qui l'encouragent à le faire, que de trouver du crédit. Il peut en avoir besoin lorsqu'il s'associe, mais en ce cas les banques de propagande viennent le secourir.

Les sociétés de crédit mutuel parisiennes se multiplièrent de 1857 à 1865, et à cette dernière date, le journal l'*Association* du 20 mai 1866, en signalait soixante-quatre, avec 2,900 membres, et un capital de 268,000 francs. Jusqu'à la chute du *Crédit au travail,* leur nombre alla en augmentant. Leur organisation intérieure était fort simple, le chiffre de leurs membres peu important en général, ce qui permettait

à ces sociétés d'estimer exactement le degré de confiance méritée par chacun d'eux. Elles s'exposaient
par suite à peu de risques, subissaient rarement des
pertes de quelque gravité, mais il faut le dire, ne rendaient que des services limités. Elles demandaient en
général à leurs emprunteurs un intérêt élevé, 10 % environ, y compris le droit dit de commission. Elles
pouvaient ainsi répartir, à la fin de l'exercice, des
dividendes très rémunérateurs.

En province comme à Paris, on trouvait soit des
sociétés de propagande, soit des associations de
crédit mutuel.

Parmi les premières, il faut citer le *Crédit au travail*, fondé à Lyon en Avril 1865, et qui subsiste encore aujourd'hui. Son capital primitif s'élevait à
50,000 francs et était divisé en actions de 100 francs
chacune, qui étaient réparties entre 197 souscripteurs.
Son but était « d'accorder du crédit aux Sociétés ac-
« tuellement existantes, d'aider à la formation de nou-
« velles associations, d'aider au développement des
« principes de solidarité afin de rendre le crédit ac-
« cessible aux travailleurs ». La Société nouvelle sut
se conformer à ce programme et seconda efficacement
les entreprises coopératives qui s'adressèrent à elles,
mais elle évita, grâce à la prudence de ses administrateurs, l'écueil qui devait faire sombrer, quelques
années plus tard, le *Crédit au travail* de Paris; tandis
que celui-ci immobilisait tout son capital en comman-
ditant sans mesure les associations coopératives naissantes, la Société lyonnaise s'occupait surtout des
opérations de banque proprement dites, de l'escompte
tout spécialement.

Il faut signaler en passant les *Groupes solidaires*

lyonnais, qui faisaient une application intéressante du principe de solidarité si rarement admis en France.; ils étaient formés par la réunion d'un certain nombre d'individus qui demandaient à la Société du *Crédit au travail* des avances dont ils garantissaient solidairement le remboursement. La destination de l'argent ainsi emprunté variait suivant les cas, mais l'association était, en général, de courte durée.

La Société de *Crédit mutuel et de solidarité commerciale* de Lyon, la *Beaujolaise* de Villefranche, étaient de véritables associations de crédit mutuel.

L'*Universelle* de Valence avait des vues très ambitieuses : nous la retrouverons comme société de consommation; elle essaiera même d'organiser des entreprises de production industrielle ou agricole. Enfin elle faisait des avances aux sociétés coopératives qui se fondaient à Valence ou dans les cantons voisins. Elle présentait ceci de particulier qu'elle avait adopté la forme civile; il y avait là, au point de vue légal, une tentative intéressante sur laquelle M. Boissonnade, alors agrégé à la Faculté de Grenoble, attira l'attention dans un article que nous examinerons plus tard. Ses débuts furent heureux, et deux ans après sa fondation, c'est-à-dire en 1866, elle comptait 427 membres; son capital s'élevait à 60,000 francs, dont un quart, à vrai dire, était seulement versé.

Nous ne pouvons étudier, ou même simplement nommer ici les trente ou quarante sociétés de crédit mutuel qui pouvaient exister en province vers 1865. Elles étaient d'ailleurs exactement imitées des entreprises parisiennes similaires.

§ 2. — **Sociétés de consommation.** — Les sociétés coopératives de consommation imitées des « *distributives* » anglaises se développaient chez nous en même temps que les associations de crédit inspirées des banques populaires d'Allemagne. Mais tandis que les dernières étaient nombreuses surtout à Paris, les premières trouvaient en 1863, comme encore aujourd'hui, un terrain plus favorable, semble-t-il, hors de cette ville.

Il existait en province, bien antérieurement à l'époque où nous nous plaçons, plusieurs institutions philanthropiques, destinées à fournir aux classes ouvrières une alimentation économique et saine ; la Caisse du pain de Mulhouse, créée par M. Bourcart, industriel alsacien, la Société alimentaire de Grenoble fondée en 1850, rendaient d'inappréciables services, mais ne présentaient pas le caractère coopératif.

Cependant on pouvait constater, vers l'année 1868, l'existence de cent à cent cinquante sociétés coopératives de consommation. Elles étaient inégalement réparties sur toute la surface du territoire ; les départements les plus favorisés étaient ceux du sud-est, de l'ouest et du nord-est de la France. A Lyon, quelques sociétés alimentaires avaient survécu aux mesures de rigueur prises en 1851 ; de 1863 à 1868, il se créait en outre dans notre ville plusieurs boulangeries ou épiceries, que nous retrouvons aujourd'hui encore riches et prospères. C'est le plus bel éloge qu'il soit possible de leur décerner. — En même temps se fondaient à Angoulême, la Flotte, et autres villes de l'ouest, les associations coopératives dont nous constaterons plus tard les brillants résultats. — A Valence, l'*Universelle* attirait une vaste clientèle, par la forte part (80 o/o) qu'elle attribuait sur ses bénéfices aux acheteurs même non associés. — L'Algérie elle-même ne restait pas hors du mouvement; Alger et Bone possédaient des boulangeries et épiceries coopératives.

§ 3. — **Sociétés de production.** — La société de production était toujours la forme préférée par les classes ouvrières. Oublieuses des échecs subis dans le passé, elles fondaient de grands espoirs sur cette espèce d'association, et, à la fin de 1868, le *Crédit au travail* constatait l'existence de 93 sociétés de production françaises, parmi lesquelles plus de la moitié certainement dataient de moins de cinq ans. — Paris seul en possédait 44; on y retrouvait les principales d'entre les associations de 1848, qui, victorieuses des premiers obstacles, étaient arrivées, au jour où nous nous plaçons, à un degré de haute prospérité; une transformation s'était d'ailleurs opérée en elles : aux aspirations généreuses, et aux projets de rénovation sociale qui avaient signalé leurs débuts, l'expérience avait substitué un esprit tout nouveau. Il n'était plus besoin de prêcher aux coopérateurs une prudente réserve dans le choix de leurs recrues, car ils n'étaient que trop enclins à conserver le bénéfice d'une situation péniblement acquise : ils étaient devenus, en un mot, de petits patrons, qui avaient sous leurs ordres un nombre considérable parfois de salariés, alors même que parmi ces derniers beaucoup fussent désireux et dignes d'entrer dans la société.

Dans les départements, sans se tourner exclusivement, comme on le faisait à Paris, du côté des sociétés de production, il s'en fonda un certain nombre de 1865 à 1868; à Lyon même, on pouvait en compter à cette dernière date près d'une vingtaine, et il n'est pas besoin d'ajouter qu'elles étaient récentes, si l'on songe à la chute presque immédiate de toutes celles de 1848. — Entre autres sociétés lyonnaises, l'une de celles formées entre tisseurs « l'*Association industrielle, commerciale et de prévoyance des tisseurs de Lyon* » , fut favorisée d'un prêt de 300,000 fr. prélevé par l'empereur sur sa liste civile.

Dans ce cas-là, comme dans plusieurs autres analogues, le pouvoir, en se montrant trop accueillant, soumettait les associations ouvrières à une tentation irrésistible ; il leur rendait, en dépit des conseils de quelques esprits clairvoyants, le pire service qui fût possible, espérant au contraire se les attacher. Nous n'en voulons pour preuve que le fait suivant que se rattache à l'histoire de nos sociétés lyonnaises. M. Flotard qui avait activement concouru à leur développement, fut consulté par l'autorité administrative, lorsqu'il s'agit de répartir entre elles les largesses impériales. Il s'éleva contre ces malencontreuses faveurs, dont il prévoyait tous les mauvais effets, mais on lui répondit par un argument sans réplique : la raison d'État. (Annuaire de la Société d'Écon. pol. de Lyon, année 1884.)

Si des 15 ou 20 sociétés lyonnaises, et des 90 ou 100 sociétés françaises de production, qui existaient en 1868, il en subsistait beaucoup aujourd'hui, on pourrait applaudir aux secours qui vinrent seconder les efforts dus à l'initiative individuelle ; malheureusement la chute fut prompte pour la plupart d'entre elles. D'ailleurs, que d'idées fausses, d'utopies, de rêves dangereux retrouvent une nouvelle faveur, malgré l'expérience des faits passés ! Nous signalions plus haut les tendances exclusives de sociétés parvenues à l'état de maturité ; on ne peut pas adresser un reproche semblable à celles qui se fondent alors ; elles veulent l'association réunissant tous les ouvriers du métier, et ceci non pas dans l'avenir, mais de suite. Pour les *Tullistes* lyonnais, venus déposer devant la Chambre de commerce de leur ville, en 1866, « les principes veulent qu'aucun ouvrier tulliste ne reste en dehors de l'association », et plus tard ils ajoutent que « les associés travailleront à tour de rôle, qu'on tirera au sort ceux qui devront être occupés, mais que l'association doit embrasser toute la corporation, *quelles que soient les difficultés qui puissent résulter du trop grand nombre d'associés* (1).

§ 4. — **Loi du 24 juillet 1867. — Projet de congrès des sociétés coopératives françaises. — Chute du Crédit au travail.** — Le gouvernement allait avoir une occasion propice pour manifester sa bienveillance à l'égard des sociétés coopératives. Celles-ci se plaignaient constamment des embarras qui résultaient pour elles de la législation existante ; et, à vrai dire, ce n'était pas sans raison. Le pouvoir, qui s'occupait à faire voter une loi générale sur les sociétés par actions, devait en profiter pour satisfaire à ces réclamations. Grâce à lui, il fut introduit dans la nouvelle loi un titre III, qui en fait sinon en droit était destiné aux seules associations coopératives.

Les travaux préparatoires qui ont précédé le vote de ce titre attireront notre attention lorsque nous traiterons de la situation légale des sociétés coopératives,

---

(1) Flotard. Du mouv. coop., p. 240.

mais leur étude suggère quelques observations qui trouvent ici leur place. Les associations ouvrières se plaignaient donc de ne pouvoir adopter commodément aucune des formes de sociétés civile et commerciales de droit commun. Le gouvernement impérial, désireux de faire cesser cet état de choses, songea tout d'abord à édicter des règles spéciales aux associations coopératives limitativement énumérées. Celles-ci, dans une lettre demeurée fameuse et signée par les gérants de quarante-huit d'entre elles, protestèrent vivement contre toute mesure d'exception et toute innovation législative si elle rangeait les ouvriers dans une classe particulière. Le gouvernement, absolument dérouté, et pour savoir si le sentiment ainsi exprimé était bien celui du plus grand nombre, provoqua une enquête en 1866. Devant la commission qui en fut chargée, toutes les opinions purent être exprimées avec une entière liberté ; les plaintes les plus vives contre les tracasseries de l'autorité administrative trouvèrent un auditeur patient et même bienveillant en la personne de M. Rouher. Le résultat de l'enquête fut la confirmation de ce qu'avait fait connaître la lettre mentionnée plus haut, c'est-à-dire une aversion profonde des classes ouvrières pour tout ce qui pouvait paraître, à tort ou à raison, une loi spéciale. Un deuxième projet fut proposé, encore trop restrictif, et le titre III fut enfin voté, tel qu'il se comporte aujourd'hui ; il édicte une série de dispositions auxquelles peut se soumettre toute société, constituée entre toutes personnes, en vue d'un but économique quelconque.

Tandis que le Parlement s'occupait ainsi d'améliorer la situation légale des sociétés coopératives, l'initiative privée préparait pour le mois d'août 1867 un congrès semblable à ceux qui se tenaient annuellement en Allemagne; des appels avaient été adressés à Schulze Delitzsch et aux autres propagateurs de l'idée coopérative à l'étranger, et les plus intéressantes questions devaient y être agitées : celle de la responsabilité des associés eût certainement donné lieu à des débats très curieux entre Schulze Delitzsch et ceux qui, en France, se déclaraient hostiles à la solidarité. Mais, par une inconséquence mystérieuse, ce même pouvoir, qui se montrait de plusieurs façons favorable au mouvement coopératif, refusa l'autorisation sollicitée par les organisateurs du congrès.

Ce n'était là qu'un incident fâcheux sur lequel le silence se fit bientôt. Mais la chute de la société parisienne du *Crédit au travail* et de deux ou trois autres entreprises similaires allait porter un coup bien plus rude aux associations françaises.

Ce fut une stupeur générale lorsque, vers la fin de 1868, on apprit que le *Crédit au travail* venait de suspendre ses paiements; la faillite fut déclarée et le dividende réparti entre les créanciers fut de moins de 20 %. Cette société périt pour avoir voulu trop bien servir la cause qu'elle avait embrassée; désireuse avant tout de favoriser le développement des associations nouvelles, elle avait prêté sans mesure à toutes celles qui sollicitaient son aide : plusieurs, pour n'avoir pas réussi, ne purent restituer les avances faites; en tous cas, la majeure partie du capital social était immobilisée, car les prêts étaient, en général, concédés à long terme. La situation n'était pas désespérée au jour où la société dut cesser ses paiements, mais une panique eut lieu, et la ruine du *Crédit au travail*

porta une atteinte mortelle à bien des sociétés chan-
celantes qui vivaient, pour ainsi dire, de sa vie.

La *Caisse d'escompte des associations populaires*,
et l'*Universelle*, de Valence, disparurent en même
temps et pour les mêmes causes.

§ 5. — **Associations coopératives de 1870 à 1880.** —
Mouvement de 1880 ; son caractère ; ses causes. —
Les événements de 1870-71 détournèrent l'attention
des sociétés coopératives et de leurs revers.

Lorsque le calme fut revenu, la question de la coopération fut de nouveau étudiée et discutée, dans la classe
ouvrière tout au moins. Les travailleurs délégués à
l'exposition de Vienne, en 1873, s'accordaient pour
dire que la société de production pouvait seule les
affranchir du joug du salariat ; ils reconnaissaient en
même temps que l'association de consommation et
de crédit pouvait être utilement pratiquée et constituait un excellent apprentissage.

Dans les réunions ouvrières, décorées du nom un
peu solennel de congrès, la coopération était aussi
traitée avec une certaine faveur.

Quelques sociétés de consommation et de crédit se
fondent pendant cette période de dix années. Il faut
signaler entre autres la *Banque de Cannes*, créée en
1875, grâce à l'initiative d'un Italien, M. Vigano ; les
petites sociétés d'épargne parisiennes ou lyonnaises
telles que la *Fourmi* (1879), enfin les *Banques catho-
liques d'Angers*, entreprises plutôt philanthropiques
que coopératives.

Puis après cette période, pendant laquelle, en
somme, les sociétés coopératives se développent
très peu, il semble, depuis quatre ou cinq ans, qu'elles

trouvent un regain de popularité; elles se multiplient, on les encourage et les soutient.

Quelles peuvent être les causes de ce mouvement? Les uns estiment qu'il est absolument factice et n'est dû qu'aux encouragements prodigués par le pouvoir. Une telle opinion est certainement exagérée, car si l'on peut regretter cette intervention de l'Etat, il ne faut pas voir en elle l'unique cause du fait que nous essayons d'expliquer. Mais ajoutons que les chambres syndicales, dont l'influence s'est accrue pendant ces dernières années, sont favorables aux sociétés coopératives, et qu'au lendemain des grèves de 1880 et 1881, on a pu songer à la coopération comme à l'un des moyens capables d'en prévenir le retour. Enfin il faut chercher une cause secondaire dans la fondation, en 1880, d'une maison de crédit qui a rendu de notables services aux associations ouvrières. Il s'agit de la *Caisse centrale du crédit et de l'épargne*, qui fonctionne d'ailleurs comme banque ordinaire, mais se propose particulièrement d'accorder quelques facilités aux sociétés coopératives, de leur procurer parfois des avances, d'escompter leur papier, en un mot d'entretenir avec elles ces relations courantes auxquelles des entreprises similaires ne surent pas borner leur rôle.

Il est permis de se demander si la coopération, qui semble donc entrer aujourd'hui dans une nouvelle phase de son existence, nous réserve dans l'avenir les mêmes déceptions que par le passé. Beaucoup en ont la crainte, et ce sont ceux-là précisément qui ne voient dans la création des sociétés coopératives nouvelles qu'une éclosion factice due aux faveurs officielles. C'est là un point délicat; mais sans entrer dans le détail des polémiques qu'il a suscitées, il faut exposer les faits tels qu'ils se sont passés.

En 1882 et 1883, la ville de Paris accordait certains privilèges aux associations ouvrières qui concouraient pour l'adjudication de ses travaux ; elle passait même des marchés amiables avec leurs gérants. On devait aller plus loin, et le 20 mars 1883 une commission fut instituée par le ministre de l'intérieur pour : 1° rechercher le moyen de faciliter aux associations ouvrières leur admission aux adjudications et soumissions des travaux de l'Etat ; 2° étudier dans quelle mesure il serait possible d'obtenir des entrepreneurs la participation de leurs ouvriers dans les bénéfices de leurs entreprises.

Dans le discours même prononcé à la première des séances de la commission, M. le ministre déclarait qu'il ne tendait pas à moins qu'à une organisation nouvelle du travail. « Je crois, disait-il, qu'on ne trou-
« vera une solution pacifique et progressive de la
« question sociale qu'en amenant les travailleurs à
« demander la rémunération de leurs efforts de moins
« en moins au louage d'ouvrage et de plus en plus à
« l'association. »

La Commission fut aussi chargée d'étudier si la loi de 1867 devait être l'objet de quelques réformes en ce qui concerne les sociétés coopératives ; une sous-commission fut choisie à cet effet.

L'enquête ne porta que sur les sociétés parisiennes, et encore sur les seules associations de production ; elle ne pouvait donc pas offrir un intérêt général ; les délégués qui vinrent déposer savaient qu'on les appelait pour leur accorder du travail à des conditions exceptionnellement favorables ; ils n'eurent garde de refuser ce qu'on leur offrait ; ils affirmèrent que l'on avait enfin trouvé le vrai moyen pour les tirer de la misère, à la condition cependant que l'on prît quelques mesures complémentaires : exclusion des ouvriers étrangers pour tout travail adjugé par l'Etat ou les départements, nécessité pour les entrepreneurs de n'employer que des produits français, etc.

Les mêmes vœux étaient exprimés bientôt après dans l'enquête parlementaire de 1884 sur la situation du commerce et de l'industrie. Les gérants de nombreuses sociétés coopératives saisirent cette occasion pour solliciter les uns des travaux de gré à gré, les autres des paiements anticipés, tous des mesures protectrices contre la concurrence de l'étranger. En cette occasion, M. Alphand, directeur des travaux de la ville de Paris, vint apprendre que les plus grandes satisfactions possibles leur avaient été accordées, et que, dans les trois dernières années, la ville avait compté aux associations ouvrières une somme de 1,365,000 fr. pour travaux effectués. (Séance du 28 mars 1884). Certaines conditions spéciales étaient imposées aux associations que l'on favorisait ainsi : on exigeait qu'elles eussent un fonds de réserve, et quelles nommassent des syndics chargés de diriger les travaux sous l'autorité des ingénieurs et architectes de la ville....

Voilà un résumé des faits qui ont été reprochés à l'État. Sans apprécier ici ce que ces critiques peuvent avoir de fondé, il est nécessaire de rappeler que le gouvernement de 1848 a usé de moyens identiques à ceux que l'on emploie aujourd'hui ; or, la première expérience n'a pas été favorable. Ajoutons que les ouvriers ont conçu les plus hautes espérances des encouragements qu'on leur donnait ; ils ont pensé que si l'État, cet État tout-puissant, s'occupait de la question sociale, celle-ci allait être bientôt résolue ; or il est certain que si jamais question sociale a existé, elle demeure encore aujourd'hui.

Avant d'en terminer avec ce qui se rapporte à nos associations pendant ces dernières années, il faut signaler l'idée généreuse d'un ami de la coopération, M. Benjamin Rampal, qui, à sa mort survenue en 1879, légua à la ville de Paris sa fortune montant à 1,300,000 fr. avec charge d'employer cette somme en prêts aux sociétés coopératives. Dans les cinq ans qui ont suivi la mort du testateur, il a été prêté 388,000 fr. à 35 associations. On peut regretter que l'intérêt qui est réclamé aux emprunteurs n'ait pas été fixé à un taux plus élevé que 3 %. Il faut considérer comme fâcheux tout ce qui attribue un caractère de libéralité aux avances concédées de la sorte.

Enfin l'année 1885 a vu la réunion du premier Congrès des sociétés coopératives françaises. L'initiative en a été prise par trois sociétés nîmoises, l'*Abeille*, la *Renaissance* et la *Solidarité*. Il s'est tenu à Paris les 25, 26 et 27 juillet. A côté des 87 sociétés de consommation qui l'avaient organisé, 13 associations de production ou de crédit et 3 sociétés étrangères y ont été représentées. On y a décidé la création d'une *Chambre consultative* chargée de fournir les renseignements techniques ou de statistique qui lui seraient demandés, d'organiser les Congrès suivants, de jouer le rôle d'arbitre dans certains différends qui s'élèveraient entre les membres d'une même société. Une *Chambre économique d'achats* a dû aussi être instituée en vertu d'une décision du Congrès. Sa mission consiste à obtenir des producteurs eux-mêmes des prix particulièrement favorables pour les sociétés coopératives fédérées. On avait proposé la création de magasins généraux qui eussent joué pour nos sociétés françaises le rôle des *Wholesales* anglaises. On a préféré s'en tenir à une Chambre économique d'achats, jouant le rôle de courtier, dans la crainte des risques que fait courir le premier système.

Le prochain Congrès doit se tenir cette année même à Lyon.

DEUXIÈME PARTIE

DES SOCIÉTÉS COOPÉRATIVES

AU POINT DE VUE ÉCONOMIQUE

Dans la première partie de ce travail, nous avons rencontré successivement sur notre route les diverses espèces de sociétés coopératives actuellement existantes, et nous avons dû en donner une première idée sommaire. Il faut maintenant analyser plus exactement chacune d'entre elles, étudier de plus près leur structure économique, et, en considérant les services qu'elles ont rendus dans le passé, discerner si possible ceux qu'on peut en attendre dans l'avenir. — On se rappelle que les sociétés coopératives se divisent en deux classes bien distinctes, dont la première comprend les sociétés dites de production, la seconde toutes les associations coopératives d'une autre nature.

Nous allons suivre cette classification et commencerons par étudier les sociétés de production.

CHAPITRE Ier

PREMIÈRE CLASSE DE SOCIÉTÉS COOPÉRATIVES
SOCIÉTÉS DE PRODUCTION

—

SECTION I. — *De la Société coopérative de production.*

Les préférences des ouvriers ont toujours été pour cette forme de société coopérative, et en 1886, comme en 1848 et en 1863, les travailleurs n'accordent qu'une attention distraite à tout ce qui se fait de bon et d'utile hors de la société de production. Elle seule doit supprimer le salariat, et il est inutile de vouloir démontrer à l'ouvrier qu'il s'affranchira plus sûrement de ce régime détesté par l'épargne individuelle.

Ces remarques préliminaires étant faites, il faut aborder l'examen détaillé de la société coopérative de production.

Quelques salariés, mécontents de la façon dont on rémunère leur travail, prétendent se passer du patron qui les exploite. Ce patron a en général une double fonction, il est directeur et capitaliste ; dans le premier de ces rôles, il semble à nos ouvriers qu'ils le remplaceront avantageusement ; mais, pour remplir le second, il leur faut se procurer d'une façon ou d'une autre le capital. Deux moyens se présentent : épargner ou emprunter ; en général on emploiera l'un et l'autre, c'est-à-dire que les futurs associés, avant d'unir leurs efforts, mettront de côté une partie des salaires qu'ils reçoivent, et constitueront ainsi l'apport qu'ils auront à effectuer ; ils rechercheront d'autre part à compléter ce premier capital en empruntant soit à des particuliers, soit à des sociétés, qui ont pour mission toute spéciale de leur procurer du crédit. On comprend que si ces dernières peuvent rendre les plus grands services aux associations naissantes, elles doivent pour cela observer une grande prudence, et ne prêter qu'à celles dont les membres, par leur conduite passée, ont donné la mesure des efforts qu'on peut attendre d'eux dans l'avenir. La nécessité d'épargner avant de fonder l'association sera une excellente épreuve ; beaucoup d'enthousiastes de la première heure manquant de l'énergie indispensable se retireront, et ce sera un bien pour tous. Car il faut bien y songer, le travailleur qui s'engage dans une société de production ne risque pas seulement le fruit de ses économies, il joue le tout pour le tout, car l'entreprise peut ne pas réussir, ou du moins ne pas lui donner de longtemps l'équivalent du salaire qu'il gagnait. Avant donc de tenter une si périlleuse aventure, il faut pouvoir compter sur ceux dont on se rend solidaire.

Il ne suffira pas que les associés soient tous des gens honnêtes et persévérants ; il faudra encore que le métier qu'ils exercent se prête à une tentative de ce genre, il faudra que l'outillage nécessaire soit simple, la matière première de peu de prix. Sans cela de grosses sommes seraient indispensables pour subvenir aux premiers frais, et les modestes épargnes des ouvriers n'y suffiraient pas.

Le capital nécessaire est réuni ; l'association peut se fonder. Il est alors une question importante, celle de la forme légale que l'on doit adopter. Pour la société de production, la forme en nom collectif est la meilleure ; puisque tous les associés se connaissent et comptent les uns sur les autres, la solidarité n'a rien qui doive les effrayer, et elle inspirera aux tiers une confiance, qu'ils n'auraient peut-être pas au même degré sans elle. Ceci est surtout vrai pour une société naissante, et, si plus tard le nombre des associés augmente trop pour que l'on puisse continuer à exercer un contrôle rigoureux sur leurs qualités individuelles, il sera peut-être opportun de chercher une nouvelle forme légale. La commandite simple souvent adoptée en 1863, par crainte du principe de solidarité, a l'inconvénient de créer deux sortes de sociétaires. Cela serait de peu d'importance si les uns et les autres savaient se contenter du rôle qui leur est assigné, mais entre gens qui prétendront à égalité de droit, les conflits seront fréquents avec cette espèce de société.

La forme anonyme semble mal faite pour une société de personnes et non de capitaux ; il faut ajouter que la complexité des pouvoirs chargés de l'administration peut avoir ici des inconvénients.

La commandite par actions mérite les mêmes reproches que la commandite simple ; en outre la division de son capital en actions fait qu'elles ne convient comme la précédente qu'à des sociétés coopératives sorties des difficultés du début.

Autre question : la société doit-elle se fonder à capital et personnel variables ? On sait que cette clause permet aux associés de se retirer ou de se faire restituer partiellement leurs apports plus facilement que selon le droit commun. Dans une société de production, dont le personnel doit être limité, et surtout stable, et dont le capital est en partie immobilisé dès

le premier jour, on comprend que la clause de variabilité soit souvent inutile ou dangereuse.

Enfin l'association est constituée. On ne peut pas
entrer dans le détail des règles qu'établiront les statuts
en ce qui concerne les admissions, retraites, exclu-
sions, droits et devoirs des associés, la gérance, les
assemblées générales, la répartition des bénéfices, l'organisation d'un conseil de famille chargé de trancher
les différends entre associés, etc., etc.

Observons cependant que ce n'est pas chose facile
que de trouver un gérant capable et de savoir lui
conférer des pouvoirs suffisants. En admettant que
les associés soient tous de bons ouvriers, connaissant
leur métier, s'en trouvera-t-il parmi eux qui possèdent les qualités d'un chef d'entreprise ? Celles-ci se
transmettent de père en fils dans ces classes bour-
geoises dont les travailleurs veulent secouer le joug,
et la société ne devra-t-elle pas souvent, pour réussir,
demander l'aide de ceux mêmes dont elle veut s'affranchir ? Le gérant est trouvé ; il devra, dans l'exercice de ses nouvelles fonctions, user d'énergie et de
patience ; il devra, pour conserver une autorité dont
on sera jaloux, faire peut-être bien des mécontents.
Associés pour se délivrer du patron, les travailleurs
en verront un dans celui qui exigera qu'on obéisse
quand il commande. Sans vouloir exagérer ce que la
situation des gérants a de difficile, il est bon de reproduire ici le tableau un peu sombre qu'en fait
M. Brelay, dans un article de l'*Economiste français* du
18 octobre 1884. « Ce sont, dit-il, des monarques
constitutionnels, responsables, sans ministres, sans
autorité, sans agents, desquels on croit pouvoir tout
exiger, et qu'on déteste aussitôt qu'on leur a accordé

11

l'investiture, parce qu'étant en apparence les maîtres, ils deviennent des tyrans imaginaires pour leurs sujets... »

Chargés d'une aussi lourde tâche, ils sont souvent mal payés, car l'ouvrier, on l'a bien souvent fait remarquer, n'apprécie que le travail matériel, et les services rendus par celui qui organise, dirige, assume toute la responsabilité, n'ont pas de prix à ses yeux.

On devra enfin se garder de trop limiter la durée des pouvoirs du gérant, car une administration stable est la plus sûre garantie du succès. Cette vérité est trop méconnue; n'a-t-on pas vu, en effet, certaines associations dont les membres devaient être gérants chacun à leur tour?

La société est constituée; elle va fonctionner, c'est-à-dire produire : une grosse difficulté de ses débuts est de trouver une clientèle. Elle est donc moins privilégiée que certaines autres sociétés coopératives, de consommation ou de crédit, par exemple, qui sont certaines de trouver en leurs membres des acheteurs ou des emprunteurs.

Les premières difficultés sont surmontées; l'entreprise donne des bénéfices. Comment les répartira-t-on? Tout d'abord, comme les ouvriers ne peuvent pas attendre la fin de l'exercice courant pour toucher ce qui leur est dû, il faudra leur allouer une rémunération à peu près équivalente au salaire que leur accorderait un patron, en se gardant toutefois de mesurer trop largement cette distribution anticipée de bénéfices. Puis supposant que l'inventaire accuse un excédent de recettes, on en fera deux parts, dont l'une ira à la réserve et l'autre sera répartie entre les associés, suivant le mode réglé par les statuts; plusieurs procédés sont possibles : ou bien distribution par tête, sans tenir aucun compte de la quantité de travail fourni ; ce mode fort usité dans les associations de 1848 n'est pas équitable, il satisfait seulement un sentiment égalitaire exagéré; ou bien distribution en proportion du travail effectué, mode normal et parfaitement juste, surtout si le travail se fait à la tâche; s'il se fait à la journée, on ne pourra que compter le nombre des jours pendant lesquels chacun aura été occupé. Mais ne va-t-on attribuer au capital qu'un intérêt fixe ? Cela n'encouragerait guère les associés à multiplier leurs versements et à laisser dans les caisses de la société leurs bénéfices et leurs épargnes, même au-delà du complément de leurs mises, toutes choses que l'on doit désirer. Un système qui semble donc mieux compris consiste à faire deux parts, dont l'une va au capital, l'autre aux travailleurs; la seconde devra être supérieure à la première, car la société a plus d'intérêt à posséder des ouvriers actifs que des gens économes. Ajoutons qu'afin d'empêcher la société de dégénérer en association de capitalistes, il faudra assigner un maximum aux dépôts que pourraient effectuer ses membres.

La prospérité s'affirme, le cercle des opérations augmente ; il faut, d'une part, accroître le capital; d'autre part, admettre de nouveaux associés, ou bien engager des salariés.

Pour trancher ces questions, une assemblée générale sera peut-être nécessaire; les conditions du vote, de représentation, etc., seront déterminées par les statuts ; mais jamais ceux-ci ne pourront établir une sanction assez sévère pour faire sentir aux ouvriers l'intérêt qu'ils ont à assister à ces réunions : c'est une plainte souvent formulée par les gérants de sociétés coopératives que l'indifférence des travailleurs pour des questions dont dépend l'avenir de leur entreprise.

L'augmentation du capital s'effectuera soit par un appel aux sociétaires, soit en empruntant à des tiers, en émettant des obligations par exemple. Dans la société de production, le second procédé sera moins fréquemment employé que dans l'association de crédit.

L'augmentation du personnel soulèvera une question bien délicate; pour trouver les bras nécessaires, engagera-t-on des salariés ou appellera-t-on de nouveaux associés? Si l'on prend le premier moyen, accordera-t-on aux ouvriers une participation dans les bénéfices? La solution de la seconde question dépend, il semble, de la manière dont on résout la première; si la société se ferme, si elle se refuse à admettre de nouveaux membres, elle devra intéresser les artisans qu'elle emploie au succès de ses affaires : la participation aux bénéfices aura ses bons effets ordinaires; si au contraire l'accès de l'association est ouvert aux travailleurs qui se recommandent par leurs bonnes qualités, pourquoi accorder une part quelconque dans les bénéfices à ceux qui ne courent aucun risque et qui peuvent prétendre au sociétariat?

Revenant à la question principale, il faut remarquer que deux tendances également fâcheuses se manifestent dans beaucoup de sociétés existantes : fermer leur porte afin de conserver aux seuls membres actuels les avantages d'une belle situation acquise, l'ouvrir toute grande afin de réunir en une seule association tous les travailleurs du métier.

La première tendance est la plus fréquente, et si l'on doit la critiquer, on peut la comprendre. Que les sociétés de production prospères tendent à devenir des unions de petits patrons, c'est là un fait certain. Devant la commission d'enquête parlementaire, le gérant d'une association de maçons le constatait une fois de plus, et c'est ce qui faisait dire à l'un des honorables représentants de notre cité lyonnaise : « Comment une association d'ouvriers a-t-elle pu commettre je dirai presque un crime, en n'admettant pas des camarades, des ouvriers aussi, à la participation dans ses bénéfices ! Des ouvriers ne veulent plus d'autres ouvriers comme associés, mais ce sont des égoïstes ! Ils n'ont plus songé qu'à eux ! »

Sans vouloir excuser une pareille conduite, égoïste si l'on veut, contraire en tout cas aux désirs de ceux qui souhaiteraient que la coopération profitât au plus grand nombre possible, on pourrait demander pour ces criminels le bénéfice des circonstances atténuantes. Il faut bien songer que ces gens-là, pour s'élever comme ils l'ont fait d'un degré dans l'échelle sociale, ont dû endurer de pénibles privations, surmonter de nombreux obstacles, et s'ils estiment que l'introduction d'éléments nouveaux dans leur société ne doit pas en accélérer le développement, peut-on s'étonner qu'ils refusent de les admettre?

Voilà comment se comportent la plupart des sociétés de production prospères. — Mais il en est d'autres qui, dans l'idée tout au moins de leurs fondateurs, doivent s'efforcer de réunir tous les artisans du métier. Cette tendance est déplorable ; en effet, s'il est possible de comprendre l'union corporative des ouvriers pratiquant la même industrie, pour organiser la défense de leurs intérêts communs, autrement dit sous la forme de syndicats professionnels, il est par contre impossible d'admettre une société *corporative* de production. Du moment où il y a entreprise industrielle, il faut que ceux qui s'associent se choisissent, se trient ; c'est là une condition essentielle du succès. Par cela même qu'il est nécessaire de bien distinguer la société de production de l'association professionnelle, il ne nous paraît pas inutile de dire ici en quelques mots comment on comprend cette dernière en France et dans les pays européens.

On peut remarquer aujourd'hui chez quelques-unes des nations qui nous entourent, et à un moindre degré chez nous-mêmes, une tendance manifeste à rétablir le régime corporatif du moyen âge. — Déjà M. Ducarre, dans le rapport qu'il fit en 1875 à la suite d'une enquête sur les conditions du travail, s'exprimait ainsi : « Tous les remèdes proposés aboutissent à cette conclusion, réduire ou supprimer la liberté individuelle du travail et la remplacer par des collectivités, associations ou syndicats chargés de veiller aux intérêts de chaque profession. C'est en un mot le retour au régime des corporations, corps de métiers, maîtrises et jurandes . » — Quels sont d'autre part les vœux exprimés dans les enquêtes récentes par les délégués des ouvriers ? Fixation d'un salaire minimum, d'une certaine durée de travail, exclusion des artisans étrangers, limitation du nombre des apprentis. Et pour apporter ces réformes, l'Etat doit intervenir, c'est son devoir.

Il faut du moins reconnaître que la loi française du 24 mai 1884 sur les syndicats professionnels n'encourage pas, comme cela a été fait à l'étranger, la tendance nouvelle. Cette loi est demeurée trop vague, son application pourra donner lieu dans la suite à des difficultés, si les ouvriers veulent s'en servir pour reformer absolument l'organisation actuelle du travail, mais on ne peut pas la considérer comme un pas en arrière, un retour sanctionné par l'Etat au régime des corporations.

Nous ne voulons pas considérer si les syndicats de patrons et d'ouvriers tendent à sortir de plus en plus du rôle pour lequel ils ont été créés, si l'on peut craindre que les seconds ne deviennent toujours davantage des sociétés de résistance ; peu nous importe au point de vue auquel nous nous plaçons maintenant, et ce que nous retenons seulement c'est que les syndicats professionnels ne sont pas dans la dépendance de l'Etat, et ne sont pas obligatoires.

Nous en dirons autant de l'édit du 24 juin 1871, sur les *Trade-Unions* anglaises. Il n'y a rien dans cette loi qui implique la volonté chez le législateur anglais de réorganiser les anciens corps de métier. Les Unions actuelles sont toutes privées, absolument indépendantes de l'Etat, elles ne possèdent aucun privilège au point du vue industriel, elles fonctionnent avant tout comme sociétés de secours mutuels, elles décident et organisent les grèves.

Mais si nous passons à l'Allemagne et à l'Autriche, nous voyons au contraire plusieurs lois qui rétablissent en tout ou en partie la corporation obligatoire, mais avec un caractère nouveau : les anciens corps de métier, une fois reconnus par l'Etat, n'avaient à craindre aucune intervention de la part de celui-ci ; au contraire les corporations actuelles d'Autriche et d'Allemagne sont placées sous la tutelle du gouvernement, qui approuve leur règlement, fait présider leurs assemblées par un fonctionnaire, les dissout à son gré.

Tel est le caractère des corporations reconstituées en Autriche, par la loi du 23 mars 1883 : elle édicte qu'une certaine catégorie d'industries dites « de métiers » ne peuvent être exercées que par les ouvriers munis d'un brevet délivré par la corporation. — Il est écrit ailleurs dans la même loi (art. 106) que partout où le lien corporatif n'existe pas, l'autorité doit chercher à l'établir.

En Allemagne la loi du 18 juillet 1881 n'a été qu'un premier pas fait dans la voie dont nous parlons, et les sociétés professionnelles qu'on créait alors n'avaient pas un caractère obligatoire. Mais on ne s'en est pas tenu là, et en Juin 1884 une nouvelle loi venait décider que les patrons qui n'appartiendraient pas à une corporation ne pourraient plus avoir d'apprentis.

Quelques semaines après, le 6 juillet 1884, M. de Bismarck faisait voter la loi sur les assurances en cas d'accident qui trouve son explication dans cette parole prononcée en 1882 par le grand chancelier : « Pour avoir une application sérieuse de l'assurance dans l'industrie, il faut rétablir les corporations obligatoires. » Les lois de Juin et Juillet 1884 ne le font pas encore, mais elles montrent bien les tendances actuelles du gouvernement allemand.

Revenons maintenant aux sociétés de production qui, nous le disions donc, ne peuvent pas, sans danger, admettre indistinctement tous les artisans du métier. Il est nécessaire qu'elles imposent à ceux qui se présentent un stage pendant lequel on les jugera. Si le candidat est digne de la faveur qu'il demande, l'intérêt même de la société veut qu'on la lui accorde, car mieux vaut un coparticipant de plus dans les bénéfices qu'un salarié auquel la prospérité de l'entreprise est indifférente.

Cet exposé déjà trop long des difficultés qui attendent les Sociétés de production, explique pourquoi elles réussissent bien rarement. Leur succès n'est possible que si les associés sont des ouvriers d'élite et si, en outre, ils ont quelques ressources, car la période des débuts est toujours pénible à traverser. Pour la rendre plus-douce, il ne faut pas que le pouvoir se laisse aller à leur venir en aide, car son intervention en pareille matière est particulièrement fâcheuse.

On trouve dans la Constitution de la Californie une règle formelle qui interdit au gouvernement de prêter aux associations. Pour avoir formulé en règle constitutionnelle une vérité économique trop souvent méconnue de l'autre côté de l'Océan, le pouvoir constituant du petit État américain ne méritait-il pas cette brève mention ?

SECTION II. — *Des sociétés de production en France et à l'étranger.*

C'est la ville de Paris, qui, en France, compte le plus grand nombre de sociétés coopératives de production. L'enquête extra-parlementaire de 1883 a fait connaître l'existence de cinquante et une associations parisiennes de cette nature. Il a pu s'en fonder une dizaine depuis ce moment, et le chiffre total auquel on arrive ainsi serait plein de promesses si la plupart d'entre elles n'étaient pas de création bien récente. Il en existe fort peu d'antérieures à 1870 ; ce sont les plus importantes, comme l'association *des lunettiers* fondée en mars 1849, dont le capital s'élève aujourd'hui à 2,240,000 fr.

L'industrie de l'ameublement compte quatre ou cinq associations.

Les *ouvriers charpentiers de la Villette* se sont constitués en 1881 lors de la grève qui eut lieu à cette époque. Au nombre de 192, ils versèrent immédiatement le capital considérable de 100,000 fr.

La typographie est un des métiers qui semblent le mieux se prêter aux entreprises coopératives. L'*Imprimerie nouvelle* fondée en 1866 ne conmmença à fonctionner qu'en 1869, car son capital fut formé par des versements de 0 fr. 50 c. à 0 fr. 75 c. Elle était un exemple de ces sociétés qui admettent tous les ouvriers de la corporation, soit près de 1,500 individus en 1884. Elle semblait appelée à un superbe avenir, se proposait au mois de mars de la même année de doubler son capital, et quelques mois à peine la séparaient cependant de sa chute.

Les *mécaniciens* constituent une association nombreuse; ils étaient venus, en 1884, réclamer devant la commission d'enquête le vote d'un crédit qui aurait été employé en avances aux sociétés ouvrières. Ils prétendaient que ces dernières constituent une entreprise d'intérêt national au même titre que les chemins de fer, les maisons d'école pour la construction desquels l'État ne marchande pas son argent, sous forme de crédits ou de garanties d'intérêt. Nous citons sans commentaire.

Hors Paris, peu de sociétés de production. Les renseignements sont très rares sur la situation de celles qu'on peut signaler en province. A Lyon nous ne connaissons que deux associations typographiques, dont l'une mérite une mention toute spéciale dans cette thèse imprimée par ses soins :

Fondée le 30 mai 1866, au capital de 32,000 fr. divisé en actions de 100 fr. chacune, l'*Association typographique lyonnaise* se développa rapidement ; les années 1873-1877 furent pour elle une époque pénible, mais aujourd'hui elle a reconquis son ancienne prospérité.

Une association de tisseurs vient de se fonder à Lyon sous le nom de *Corporation des tisseurs lyonnais*. Au 15 janvier 1886 elle avait réuni déjà trois cents membres. Ce n'est pas à proprement parler une société coopérative ; elle n'a pas su s'affranchir de toute idée de propagande politique et religieuse.

A l'étranger, les sociétés coopératives de production sont encore moins importantes qu'en France.

L'Angleterre semble toutefois, si l'on s'en tient aux chiffres cités dans ses congrès, nous devancer même dans cette voie ; mais il ne faut pas s'y tromper, on donne comme sociétés coopératives des associations qui ne répondent pas aux caractères voulus pour mériter ce nom, de petites sociétés anonymes dont les actions sont d'assez faible valeur pour que les ouvriers puissent en posséder une partie ; telle est la filature d'*Oldham*, ou bien des entreprises qui ne sont que l'accessoire de sociétés de consommation ; ainsi ces dernières tantôt fonderont une usine pour produire les marchandises qu'elles doivent vendre, tantôt emploieront leurs capitaux à l'exercice de telle ou telle industrie, mais celà absolument comme le premier patron venu, c'est-à-dire sans intéresser les ouvriers qu'elles occupent aux bénéfices de l'affaire : telle est la filature organisée par les Pionniers de Rochdale. Il existe en outre de véritables associations de production, mais le nombre en est restreint.

En Allemagne, cette forme de société coopérative, qui devait dans le programme de Schulze Delitszch couronner l'œuvre dont il se faisait le propagateur, n'a jamais rendu les mêmes services que les banques populaires, où même les sociétés de consommation. On estime cependant à une centaine le nombre des associations de production allemandes, mais il en est très peu parmi elles qui soient reliées à l'Union et sur lesquelles on puisse avoir des renseignements certains.

En Autriche elles sont peu prospères ; un impôt énorme établi par une loi de 1849 nuit à leur développement.

La Suisse mérite encore une mention spéciale. Les sociétés de Neufchâtel, Genève, Zurich et Bâle sont importantes. Mais leurs visées sont trop hautes ; elles veulent transformer l'organisation du travail, supprimer le salariat.

Appendice. — Sociétés coopératives de production agricole.

Les détails techniques et les quelques données de statistique qui précèdent ne concernent que les entreprises de production industrielle. Il faut, avant de passer outre, dire quelques mots de celles qui tendent à la production agricole.

Au lieu d'être composées d'ouvriers qui veulent s'affranchir du salariat, elles sont constituées par des agriculteurs qui désirent, en conservant la propriété de leurs terres, bénéficier des avantages de la grande culture. Cette forme de société a été très rarement pratiquée. Il s'était bien créé en 1846 une association dans la plaine du Sig (Algérie), mais ses membres, qui avaient obtenu une concession de l'État, songèrent seulement à appliquer les théories de Fourier dont ils étaient disciples. Quelques années auparavant, en 1842, le maréchal Bugeaud avait aussi tenté un essai d'association agricole, mais les soldats qui cultivaient en commun les terres qu'on leur avait distribuées, ne pouvaient être considérés comme des coopérateurs, dans le sens attaché aujourd'hui à ce mot. Enfin on cite fréquemment l'exemple de la *Société anglaise d'Assington*, fondée en 1830, et dont la prospérité est souvent invoquée par les rares défenseurs du système; mais il faut bien remarquer que l'association dont il s'agit a été l'œuvre d'un philanthrope, M. Gordon (1), qui fit là, comme on l'a remarqué, une expérience de serre chaude.

La société coopérative de production agricole ne réussira que très exceptionnellement, car jamais le paysan ne travaillera avec la même âpreté aux terres de l'association qu'au champ dont il a tous les fruits.

Il est diverses sortes de sociétés coopératives agricoles qui pourraient prospérer; ce sont celles qui se proposent non la production, mais l'achat en commun d'outils, engrais, etc., l'exécution de certains travaux d'intérêt général, etc.

(1) *Les Associations ouvrières en Angleterre*, par M. le comte de Paris.

Chapitre II

2° CLASSE DE SOCIÉTÉS COOPÉRATIVES

Cette seconde classe comprend, on le sait, toutes les sociétés coopératives qui augmentent les revenus de leurs membres non plus directement, mais indirectement en diminuant leurs dépenses. L'économie ainsi réalisée est l'équivalent de ce que prélèvent en général certains intermédiaires dont on se passe.

Cette formule exacte, il nous semble, pour toutes les espèces d'associations qu'il nous reste à étudier, convient particulièrement à celle qui doit nous arrêter le plus longtemps, la société de consommation.

Section I. — *Sociétés coopératives de consommation.*

§ 1. — **De l'association coopérative de consommation.** — Moins ambitieuses que les précédentes, ces sociétés ont déjà rendu en France, et surtout à l'étranger, d'excellents services, et l'on doit désirer que les efforts des classes ouvrières s'appliquent toujours davantage à en favoriser le développement. Leur fonctionnement est relativement simple, et les questions techniques qui s'y rattachent ne demandent pas de très longs détails.

Nous nous arrêterons surtout à l'examen des sociétés de cette nature qui existent soit à l'étranger, soit en France, et à Lyon surtout. Est-il un meilleur moyen pour répandre une institution que de montrer le succès de ceux qui la pratiquent actuellement ?

La société de consommation est formée par des gens qui se réunissent pour acheter en gros les denrées nécessaires à leur subsistance. Elle permet à ses membres de réaliser une économie très notable, puisque le débitant qu'elle supprime prélève un bénéfice parfois considérable sur le prix de la marchandise qu'il vend au consommateur.

Elle se recrute parmi des individus de toute profession et de toute situation; les liens qui existent entre ses membres sont beaucoup moins étroits que dans la société de production, et l'on ne demande en général aux adhérents que de pouvoir payer leur cotisation.

Cette moins grande rigueur dans l'admission de nouveaux membres entraîne une autre différence : la société peut adopter une des formes légales à responsabilité limitée; car, si la solidarité a, comme toujours, l'avantage d'assurer un plus grand crédit à l'association, elle effraie souvent ceux qui seraient disposés à y entrer, et en cas de mauvaises affaires elle fait peser tout le poids du passif sur les membres solvables.

La variabilité du capital et du personnel peut être fort utilement admise : le personnel de ces sociétés se recrute parmi des ouvriers qui peuvent être appelés chaque jour à s'établir dans un autre quartier, et d'autre part pour attirer de nouveaux membres, il faut leur rendre facile le retrait de tout ou partie de leurs apports.

La difficulté de trouver un bon gérant existe ici comme dans la société de production, car on ne s'improvise pas plus facilement commerçant que chef d'industrie. — La nécessité de le bien payer et de lui donner des pouvoirs suffisants s'impose encore.

L'association est créée; elle est certaine dès le premier jour de trouver des débouchés pour ses marchandises, à la condition toutefois que son capital ait été souscrit par des ouvriers, des petits commerçants, en un mot des gens qui achèteront chez elle. C'est rendre un détestable service à une association naissante que de lui donner son argent, puis de se désintéresser de l'entreprise en conservant ses fournisseurs.

Une question très importante se pose: faut-il vendre au prix de revient, ou au prix courant? ce qui donnera des bénéfices que l'on répartira entre les associés à la fin de l'exercice. Le second procédé est plus souvent employé, et beaucoup plus heureux que le premier; il favorise d'une façon excellente l'épargne du consommateur, qui, au lieu de réaliser une petite économie quotidienne dont il s'apercevrait à peine, se trouve à la fin de l'année avoir droit à une somme assez ronde. Les boulangeries vendent cependant en général au prix de revient: une société coopérative qui donne le pain à 3 ou 4 centimes au-dessous du prix courant réussira mieux auprès des classes ouvrières que celle qui distribue des bénéfices à ses membres. Cependant un nouvel avantage de la vente au prix ordinaire est de pouvoir admettre les tiers comme acheteurs; on ne peut le faire avec le premier système qu'en établissant deux prix, l'un pour les associés, l'autre pour ceux qui ne le sont pas.

C'est une autre question délicate que celle de la vente aux tiers. En la pratiquant, la société ne répond pas absolument, il est vrai, à son but primitif qui est de fournir à ses membres certaines denrées de bonne qualité et à bas prix; elle s'établit commerçante. Mais ne trouve-t-elle pas dans la vente au public une source

considérable de bénéfices, qu'il ne faut pas mépriser ?
Les « *distributives societies* » anglaises ont en général
raisonné ainsi, et leur exemple est encourageant. En
France la majorité des sociétés de consommation suivent le même système.

En tout cas la vente au comptant doit être une
règle rigoureusement observée ; en la pratiquant l'association perdra peut-être la clientèle de quelques
membres besogneux ou routiniers auxquels le débitant voisin accorde de grandes facilités de paiement ;
ce ne sera pas un grand mal ; elle évitera ainsi d'être
gagnée par la plaie de la vente à crédit qui l'envahi-
rait, et la perdrait.

Sur les bénéfices nets on prélève une part pour la
réserve ; souvent on distrait certaines sommes pour
constituer un fonds de prévoyance ou une caisse de
retraite, enfin le reliquat est attribué aux ayants droit
suivant certaines distinctions : si la société vend aux
tiers elle leur alloue quelquefois une certaine part
dans ses bénéfices. Parfois aussi elle leur fait simplement remise de tant pour cent sur le montant de
leurs achats ; il s'agit alors pour les acheteurs non associés d'un droit dont la quotité ne varie pas suivant
les bonnes ou les mauvaises années (1). La part à laquelle les associés seuls peuvent prétendre, est répartie
entre eux soit par tête, soit proportionnellement au
capital qu'ils ont versé, soit au prorata de leur consommation. Le premier procédé qui était adopté dans
certaines sociétés alimentaires de 1848 n'est pas équi-

---

(1) Nous avons constaté que dans la plupart des sociétés lyonnaises on procédait ainsi, et que l'on remettait simplement aux
tiers 2 ou 3 % calculés sur le total de leurs achats.

table ; le troisième est, il nous semble, préférable au
second. Un système, parfaitement juste mais compli-
qué, consiste en ceci : répartir par tête, toujours entre
les associés seuls, les bénéfices qui proviennent de
la vente au public, et proportionnellement à leurs
achats, les bénéfices qui résultent de la vente aux sociétaires. L'*Economie ouvrière*, société lyonnaise fondée en 1866, avait imaginé ce dernier mode.

Nous parlions plus haut d'une attribution de bénéfices a des caisses de secours ou de retraite. Beaucoup
de sociétés coopératives de consommation tendent en
effet à réunir les fonds nécessaires pour aider leurs
membres malades ou âgés. Nous rencontrerons à
Lyon une association, la *Ruche*, qui est arrivée à des
résultats remarquables, comme institution de prévoyance.

De ce qui précède, il résulte que la société de consommation est d'une pratique plus facile, et d'une
réussite moins aléatoire, que les autres.

L'étude des associations de cette nature existantes
en Europe viendra à l'appui de cette affirmation.

§ 2. — **Sociétés coopératives de consommation en
France.** — Elles sont loin d'avoir pris chez nous
l'extension des associations anglaises ou mêmes allemandes. Elle s'adressent très généralement aux individus de situation modeste, et il n'est rien en France
qui rappelle les immenses sociétés de Londres. Ce
sont surtout des boulangeries, épiceries vendant parfois aussi du charbon, des étoffes et vêtements,
enfin quelques boucheries.

Paris n'est pas la ville de France qui en possède le
plus grand nombre, puisque M. Brelay, dans la confé-

rence qu'il fit en 1884 à la salle Gerson, estimait que
leur nombre ne dépassait pas 25. — Il faut citer parmi
les plus prospères :

La Revendication de Puteaux. En 1883 : 650 associés ; affaires 121,834 fr., bénéfices nets 8,979 fr.

*La Société de propriété et de consommation du
XVIIIe arrondissement.* Société civile ; ne vend qu'à
ses membres au nombre de 1,400. En 1885 pendant le
1er semestre : 263,885 fr. d'affaires ; 17,000 fr. de
bénéfices.

L'Economie sociale de Charonne (1866). En 1884,
capital : 98,590 fr. Bénéfices : 32,000 fr.

Hors de Paris, les sociétés de consommation sont
disséminées dans un grand nombre de départements;
ce sont cependant ceux du Nord, de la Charente et de
la Charente-Inférieure, du Rhône et du Gard qui en
comptent la plus grande quantité.

Au premier rang, la *Boulangerie de Roubaix.* En
1883, capital : 26,878 fr. Réserve presqu'égale;
291,071 fr. d'affaires. Bénéfices distribués aux sociétaires équivalents à 24 % du chiffre de leurs achats.

La *Boulangerie d'Angoulême*, également prospère,
doit être rapprochée de la précédente, car tandis que
la première pratique le système de la vente au prix
courant, la seconde suit le procédé de la vente au prix
le plus bas possible. La dernière parvient à donner à
certains de ses sociétaires du pain de bonne qualité
coûtant de 23 à 28 centimes le kilogramme. Nous
disons que certains de ses membres bénéficient seuls
de ces avantages, et c'est un autre signe caractéris-
tique de cette association : la partie aisée de la population achète le pain de luxe au prix ordinaire et ne
réclame aucun bénéfice ni escompte.

La petite île de Ré possède sept boulangeries coopératives ; la plus importante d'entre elles est celle *de la Flotte* qui, avec un capital modique composé de 208 actions de 5 fr. chacune, réussit à vendre le pain à 8 centimes au-dessous de la taxe et à distribuer à ses sociétaires des bénéfices assez considérables.

On sait que le Congrès des associations coopératives de consommation a été dû à l'initiative des sociétés de Nîmes. Cette ville possède aujourd'hui plusieurs entreprises coopératives, jeunes encore, mais actives et prospères. Nous citerons l'*Abeille*, la *Renaissance*, la *Solidarité*. Elles ne s'adressent pas exclusivement aux ouvriers, et des gens appartenant à la classe aisée de la population, aux carrières libérales, les aident et les administrent.

Il faut passer rapidement sur tout ce qui concerne les départements autres que le Rhône, car nous ne saurions que reproduire des détails intéressants peut-être, mais non pas, à coup sûr, inédits.

Pour Lyon, au contraire, il nous sera difficile de ne pas sortir des limites naturelles de ce travail ; aux renseignements que peuvent fournir à chacun les précieux document publiés sur les sociétés coopératives lyonnaises (1), nous devrons cependant ajouter une partie de ceux qu'il nous a été possible de trouver auprès des associations elles-mêmes.

A Lyon même, il existe aujourd'hui, à notre connaissance, 32 sociétés de consommation ; en 1884, on en comptait en outre 14 dans le reste du département, d'après les renseignements communiqués à M. Brelay par la préfecture du Rhône.

---

(1) Le *Bon Marché* et les sociétés coopératives, par M. Aynard.

Parmi les sociétés lyonnaises, celle qui mérite la première place est la *Ruche*.

Elle a été fondée en 1866, au capital de 15,000 fr.; le quart seulement a été versé par les souscripteurs; or, au 28 juin 1885, la *Ruche* possédait un capital de 15,000 fr., une réserve de 30,277 fr. et un fonds de prévoyance de 124,636 fr., soit en tout 169,913 fr. Pendant ces vingt années, elle a distribué 60 % de ses bénéfices nets aux acheteurs, qu'ils fussent associés ou non. Ces chiffres sont éloquents.

Quelques détails sont nécessaires sur le fonctionnement de cette société. Sur les bénéfices, on prélève ce qui est nécessaire pour payer l'intérêt à 5 % du capital et du fonds de prévoyance; puis du reste il est fait deux parts : la première, de 60 %, est répartie entre les consommateurs; la seconde, de 40 %, va au fonds de prévoyance. On comprend que l'importance de celle qui est attribuée aux acheteurs même non associés assure une nombreuse clientèle à la *Ruche* et lui permette de vendre ses denrées à un prix élevé. Le seul avantage qui soit fait aux associés, est un droit au fonds de prévoyance : il faudrait plutôt dire aux intérêts qui sont servis à ce fonds. Jamais, en effet, les secours ne sont pris sur le fonds de prévoyance lui-même; il est employé pour les affaires de la société, et les sommes nécessaires pour secourir les membres assistés sont fournies par l'intérêt à 5 % qui lui est attribué. Comme il lui revient, en outre, 40 % sur les bénéfices nets, on comprend qu'il s'élève aujourd'hui à près de 125,000 fr. Une somme de plus de 6,000 fr. est ainsi répartie annuellement entre ceux que l'âge ou une infirmité a réduits au besoin. Au 28 janvier 1885, les individus secourus étaient au nombre de 54; il leur était dû à chacun une somme de 61 fr. pour le semestre écoulé.

Ces détails suffisent pour juger à quelle prospérité peut prétendre une société lorsqu'elle en est arrivée au point où se trouve la *Ruche*. Mais on se demande comment, pendant les premières années de son existence, elle a su trouver des sociétaires, puisqu'à ce moment il n'y avait presque aucun intérêt à avoir ce titre; en effet, le fonds de prévoyance était alors bien pauvre, et la seule qualité d'acheteur vous donnait droit au partage des dividendes. Ne serait-il donc pas sage, pour une association qui voudrait se fonder sur de pareilles bases, d'accorder une certaine portion de ses bénéfices aux seuls consommateurs associés?

A côté de la *Ruche*, le quartier ouvrier de la Croix-Rousse compte de nombreuses sociétés de consommation, sur lesquelles nous allons donner des renseignements sommaires;

Boulangerie sociale de prévoyance. Commandite par actions. Capital : 80,000 fr. en actions de 100 fr. *Au 3 mai 1885 :* bénéfices distribués, 16,000 fr., soit 20 fr. par action; 1,951 fr. distraits pour amortir réparations faites en 1884.

Tribu lyonnaise, anonyme à capital variable. Vend seulement à ses membres, ne distribue ni intérêts ni dividendes; débite denrées à 8 ou 12 % au-dessus du prix de revient. Sur les bénéfices réalisés 10 % prélevés pour amortir compte d'installation, 20 % pour la réserve, 20 % pour la caisse de retraites, 50 % capitalisés pour développer les opérations.

Boulangerie ménagère. Société civile, capital 8,000 francs. Réserve, 8,000 fr. Fonds de prévoyance créé en 1881, quand la réserve a atteint le chiffre de

8,000 fr.; ne sera utilisé qu'en 1893. Il était déjà riche de 8,591 fr. en 1885.

La *Coopération*, *épicerie*, à capital variable; de 5,000 fr. il s'est élevé à 6,900. *Au 14 décembre 1884* affaires 53,216 fr.; bénéfices, 5,022 fr. pour l'année écoulée. Même organisation quant au fonds de prévoyance.

L'*Avenir des travailleurs* (1859). A capital variable depuis 1876. *Au 18 janvier 1885* capital 15,668 fr.; réserve, 4,000 fr.; bénéfices, 2,347 fr. pour un semestre.

Union ouvrière, boulangerie et épicerie (Brotteaux). Fondée en 1864; en commandite simple. Développement rapide. En 1866, affaires 300,000 fr.; bénéfices, 12,524 fr. *Au 5 juillet 1885* capital 94,026 fr. bénéfices du dernier exercice, 3,982 fr. La boulangerie est plus prospère que l'épicerie.

Union des consommateurs de Saint-Just, l'une des plus florissantes. Boulangerie, épicerie, charbon; propriétaire d'immeubles évalués à 33,000 fr. Pendant le premier semestre de 1885, près de 200,000 fr. d'affaires. 9,236 fr. de bénéfices avec un capital actions de 23,000 fr. Ici encore la boulangerie donne des résultats plus brillants. Se proposait en juillet 1885 la création d'une caisse de retraite.

Le principal reproche que l'on puisse faire à une énumération telle que celle qui précède, c'est d'être forcément incomplète. Nous ne pouvons, dans un travail comme celui-ci, fournir des chiffres sur les 32 sociétés de consommation lyonnaises; nous avons même dû omettre quelques unes de celles qui comptent parmi les plus prospères, pour ne donner que des exemples des types les plus intéressants.

Mais il est à remarquer que toutes celles qui existent (nous ne connaissons qu'une exception) distribuent à leurs associés des bénéfices satisfaisants. Certaines d'entre elles ont subi le contre-coup de la crise que traverse l'industrie lyonnaise. Il va sans dire que lorsque patrons et ouvriers débattaient, il y a quelques mois seulement, la question des tarifs applicables aux artisans à façon, lorsqu'on parlait de grève générale, ou pis encore, la consommation diminuait. Aujourd'hui même les temps sont durs pour la population ouvrière. C'est une raison de plus pour qu'elle se tourne vers la société de consommation, dans laquelle elle trouvera un adoucissement à ses souffrances, et qui lui permettra de vivre en attendant les jours meilleurs.

Déjà l'on s'occupe activement d'organiser le prochain Congrès des sociétés de consommation, qui doit se tenir, nous l'avons dit, à Lyon. Un comité reçoit les adhésions, prépare les questions qui devront être discutées, fait appel aux coopérateurs étrangers. Dans ce Congrès on donnera d'excellents conseils aux travailleurs qui les écouteront et y applaudiront sans doute, les suivront peut-être. Saura-t-on les convaincre qu'il est pour leurs sociétés une règle capitale : ne jamais consentir de ventes à crédit, au-delà en tout cas des apports versés par leurs acheteurs ? C'est pour avoir négligé ces principes, que l'on trouve dans les bilans de plusieurs sociétés une somme distraite des bénéfices pour amortir le montant de créances jugées irrecouvrables.

§ 3. — **Sociétés distributives en Angleterre.** — L'Angleterre est le pays où les sociétés coopératives de consommation ont acquis le plus grand développement.

Voici les chiffres qui ont été fournis à leur sujet, au congrès d'Oldham en 1885 : Il y avait à cette date 1,044 *sociétés distributives*, comptant 627,910 membres ; leur capital s'élevait à 159,917,715 francs, le chiffre de leurs ventes à 462,912,575 francs, et les bénéfices nets moyens étaient de 12 % sur la consommation.

Il faut toujours signaler au premier rang la société des *Equitables Pionniers de Rochdale* dont le capital, de 326,875 livres sterling en 1883, est aujourd'hui plus considérable que le chiffre d'affaires, et qui doit placer ses fonds en immeubles, prêts sur hypothèques, valeurs diverses rapportant un intérêt à peine égal à celui qu'elle sert aux déposants. D'autres sociétés d'une importance considérable sont celles de *Leeds* et d'*Oldham* qui comptaient en 1880, l'une 18,430, l'autre 12,841 membres ; celle d'*Halifax* au capital de 5 millions 1/2, de *Glocester* qui, plus récente, suit brillamment les traces de ses devancières. Elles pratiquent toutes, ou à peu près, la vente au prix courant ; elles refusent rigoureusement tout crédit. Nous savons déjà ce que sont les *coopératives Wholesales so-cieties* de Manchester et de Glascow, formées par l'union des sociétés distributives elles-mêmes ; elles achètent aux producteurs et revendent aux associations qui constituent leur seule clientèle. La *Wholesale* de Manchester, fondée en 1864, groupe aujourd'hui 628 sociétés, dispose d'un capital de 171,939 livres sterling, et son chiffre d'affaires s'élève à 4,038,238 livres sterling. Celle de Glascow, qui est formée par 188 sociétés, et possède un capital bien moindre (25,091 livres sterling) réalise des bénéfices relativement plus considérables. Elles font toutes deux des opérations de banque, et détiennent de grosses sommes déposées par les sociétés adhérentes. On peut espérer encore un grand développement pour ces entreprises d'achats en gros, puisqu'on a calculé qu'en 1884 le cinquième à peine des marchandises débitées par les sociétés distributives provenait des *Wholesales.*

Il existe à Londres des associations coopératives qui s'adressent à certaines classes particulières de la population. Elles ouvrent d'immenses magasins où l'on vend au prix le plus bas possible toutes sortes de marchandises. Si les bénéfices sont distribués aux associés seuls, les tiers sont aussi admis comme acheteurs moyennant une souscription annuelle. Telles sont : *l'Army and navy cooperative society*, créée par des militaires et des marins ; la *Civil service supply association*, fondée il y a 20 ans par six employés de l'administration des postes ; or aujourd'hui ses actions d'une livre dont la moitié seulement a été versée, valent 80 livres, soit 160 fois ce qu'elles ont coûté à leurs possesseurs primitifs. Les bénéfices sont donc très considérables malgrè le système de la vente à bas prix.

Ces diverses entreprises, dont nous n'avons cité que les deux principales, ont provoqué dans le petit commerce une véritable révolution économique ; les détaillants ont dû baisser leurs prix dans de très notables proportions pour lutter contre cette concurrence. Ils ont même prétendu devant le Parlement que des fonctionnaires n'avaient pas le droit de fonder ces associations commerciales. On est demeuré sourd à ces réclamations injustes.

On voit quels avantages le peuple anglais retire des

sociétés distributives. Elles seules, disent nos voisins, permettront de répartir équitablement la valeur du produit entre les divers ayants droit. Tandis que les Sociétés de production, telles que nous les concevons en France, ne s'occupent que du producteur et les sociétés de consommation du consommateur, la société distributive anglaise, lorsqu'elle sera arrivée à fabriquer ses marchandises elle-même, accordera à l'un et à l'autre ce qui lui est dû. Voilà pour la théorie, mais en pratique les associations qui emploient des ouvriers pour produire ce qu'elles débitent ne leur accordent généralement aucune part dans les bénéfices.

L'*Union des sociétés coopératives anglaises* fondée en 1868 tient un Congrès annuel qui fait connaître l'état de la coopération dans le pays. Bien que le nombre des sociétés adhérentes ne soit que de trois cents environ, un grand éclat entoure ces assemblées périodiques. L'Union est représentée en temps ordinaire par un *Bureau central* et par les délégués des sociétés réunis en sections dans diverses villes de la Grande-Bretagne.

§ 4. — **Sociétés coopératives de consommation en Allemagne.** — D'après les chiffres fournis en 1885 au Congrès des sociétés allemandes qui s'est tenu à Carlsruhe, il existait en 1884 678 sociétés de consommation dont 163 avaient communiqué leur bilan. Ces 163 associations comptaient 114,000 membres, leur capital propre s'élevait à 2,816,999 marks, leur capital emprunté à 3,363,459 m., le chiffre de leurs ventes à 33,619,162 m., et leurs bénéfices à 2,412,366 m.

Ce dernier chiffre très considérable prouve que les

sociétés dont on connait la situation sont très prospères et pratiquent la vente au prix courant.

Il est à remarquer que leur clientèle est en assez grande partie recrutée parmi lesouvriers (53 %). Il y a là une différence à signaler entre les sociétés de consommation et de crédit.

§ 5. — **Autriche.** — Il existait au commencement de 1882 235 sociétés de consommation dans ce pays. 100 d'entre elles environ avaient fait connaître leur situation ; elles réunissaient 32,979 membres, et leur capital s'élevait à 5,598,264 florins.

§ 6. — **Suisse.** — La Suisse possède des sociétés de consommation nombreuses et prospères ; il en est qui datent d'une époque où l'Angleterre et la France seules avaient des institutions semblables. Parmi les 120 à 130 associations que l'on signale, les plus importantes sont celles de Zurich, Genève, Bâle, etc. La « *Consumverein* » de Zurich, fondée en 1850 avec 8 membres, a fait en 1881 pour 2,880,000 fr. d'affaires ; elle vend aux tiers et à prix très réduits.

La *Société de la rue du Marché* à Genève, au capital de 22,559 fr., a réalisé dans le premier semestre de 1885 43,806 fr. de bénéfices nets.

La *Société suisse de consommation* de la même ville arrive à vendre plus de 600,000 fr. de produits de toute sorte ; sa clientèle est plutôt bourgeoise qu'ouvrière.

§ 7. — **Belgique, Italie et autres pays.** — La Belgique, avec quelques sociétés florissantes, à Liège en particulier, l'Italie, la Hollande viennent en dernier lieu. Il existe encore en Suède sous le nom de *rings* des groupes d'ouvriers qui, entre autres buts poursuivis, tendent à procurer à leurs membres l'alimentation à bon marché. Mais, pour cela, ils fondent seulement des cuisines économiques qui ont rendu, d'ailleurs, de grands services aux travailleurs.

SECTION II. — *Sociétés coopératives de construction.*

On doit rapprocher les sociétés coopératives de construction des sociétés de consommation. L'habitation est à peu près aussi nécessaire à la vie de l'homme civilisé que la nourriture, et c'est dans le but de se procurer la propriété d'une demeure que l'on fonde des Sociétés de construction.

Nous avons déjà rencontré cette forme très heureuse de la coopération et montré que, dès 1863, l'Angleterre la pratiquait avec succès.

Ces Sociétés immobilières sont à la différence des précédentes limitées dans leur durée. Lorsque chacun de leurs membres sera entré en possession de sa maison, en aura payé le prix convenu par annuités successives, que ces immeubles seront purgés des hypothèques dont on les aura grevés pour servir de garanties aux prêteurs étrangers, l'association se dissoudra.

Malgré les avantages de toute nature que procure cette forme de société coopérative, elle n'est pas répandue en France ; elle fait cependant courir peu de risques à ceux qui la pratiquent, leur impose de minimes sacrifices et les rend propriétaires d'un immeuble qu'ils pourront revendre s'ils ont besoin d'argent. Pourquoi donc les sociétés immobilières sont-elles si rares chez nous ? N'en comprend-on pas les avantages, est-ce ignorance et routine, ou bien plutôt affaire de goûts et de caractère, chez l'ouvrier surtout ? Ce dernier ignore l'amour du travailleur anglais pour le « *home* », il veut avant tout demeurer indépendant, pouvoir quitter la maison qu'il habite si demain des offres avantageuses ou son humeur changeante l'y engagent ; or, il craint de s'enchaîner, d'aliéner sa liberté en consacrant son épargne à l'acquisition d'un bien immobilier.

Pour ces raisons, sans doute, il est bien difficile de trouver chez nous de véritables associations de construction. On n'y rencontre guère que des entreprises semblables à celles dont les fabricants de Mulhouse ont pris l'initiative, c'est-à-dire philanthropiques et non coopératives.

En *Angleterre,* tout au contraire, on parle aujourd'hui de plus de 2,000 « *building societies* » (2,151 d'après les chiffres fournis en 1883) composées de 700,000 membres. Elles sont régies par une loi spéciale de 1874.

Quelques-unes sont en même temps sociétés de consommation, et ce sont précisément les bénéfices réalisés sur la vente des marchandises qui permettent d'élever les immeubles.

L'*Allemagne* comptait, bien en 1885, 33 sociétés immobilières, mais on connaît mal leur importance, et même leur caractère précis.

La *Belgique*, le *Danemark* n'offrent que l'exemple de tentatives isolées. — Aux *Etats-Unis* il existe au contraire un certain nombre d'associations semblables fort prospères. Pour favoriser ces entreprises, la loi de quelques Etats de l'Union déclare insaisissables, pour partie du moins, les constructions qu'elles élèvent.

SECTION III. — *Sociétés coôpératives pour l'achat et la vente en commun.*

Cette rubrique demande explication. — Tandis que les sociétés de consommation et de construction peuvent être formées par des gens de condition diverse, celles que nous étudions maintenant supposent au contraire chez leurs membres l'exercice d'une industrie commune.

Ainsi l'artisan libre doit acheter les matières premières au prix sinon du détail, tout au moins du demi-gros. Le petit agriculteur paierait les engrais et semences dont il a besoin bien moins chèrement qu'il ne le fait, s'il pouvait en acquérir une grande quantité à la fois. Par l'association ils réaliseront facilement une économie très notable.

Ce même industriel, ce même agriculteur veulent écouler leurs produits ; le premier ne peut pas toujours ouvrir boutique, le second ne peut pas transporter ses grains et son laitage jusqu'au marché où il trouverait à les vendre avec avantage ; il ne peut surtout pas faire subir à ces denrées les transformations qui lui permettraient de trouver acheteur. Il devra donc s'adresser à des intermédiaires qui se chargeront de ce qu'il doit renoncer à faire lui-même, et qui prélèveront, comme il est juste, une certaine somme sur la valeur du produit lorsqu'il sera vendu.

L'association permettra de s'en passer, et par suite de réaliser une économie sérieuse. On créera dans ce but des sociétés coopératives pour l'achat en commun des matières premières nécessaires à l'industrie ou à l'agriculture, pour la vente des produits fabriqués ou récoltés individuellement, ajoutons enfin des sociétés agricoles pour l'écoulement de certaines denrées spéciales après transformation.

Il faut encore citer les associations qui se proposent l'achat et l'usage en commun de machines nécessaires à l'agriculture. Telle par exemple sera celle formée entre cultivateurs pour l'acquisition d'une machine à battre le blé, dont ils useront au jour de la moisson.

Ces diverses formes sont principalement pratiquées en Allemagne. On y comptait en 1884 : 139 associations industrielles, 354 sociétés agricoles pour l'achat en commun des matières premières ; 226 dites de production agricole, c'est-à-dire pour la vente des produits de la terre, 172 dites d'ouvrage, répondant au dernier type signalé.

En France, il n'y a presque rien de semblable. Les quelques entreprises de cette nature qui se sont créées n'ont pas toujours réussi. — A Lyon même, une société industrielle pour l'achat des fournitures de cordonnerie était mise, il y a quelque temps, en liquidation. — Avant elle, en 1866, se fondait celle des ouvriers ébénistes lyonnais pour l'achat et la vente en commun qui devait « créer un vaste magasin où seraient vendus tous les produits fabriqués par les sociétaires, acquérir des machines destinées à abréger le travail, etc... »

Il existe bien sous le nom de *Sociétés fromagères du Jura* des associations formées entre cultivateurs pour la transformation et la vente du lait, mais elles ne rentrent pas assez directement dans notre sujet pour que nous nous arrêtions aux détails de leur organisation, assez simple d'ailleurs.

SECTION IV. — *Sociétés coopératives de crédit.*

Il nous semble que l'on peut logiquement ranger les sociétés de crédit à côté de celles que nous venons d'étudier, et en face des sociétés de production. En effet, ce qui caractérise la seconde classe dans laquelle nous faisons rentrer l'association de crédit, c'est l'économie résultant pour les associés de la suppression de certains intermédiaires. Or, que voyons-nous ici ? Des individus, qui trouvant avec peine le crédit dont ils ont besoin auprès du banquier intermédiaire entre eux et le public, s'adressent directement à celui-ci, lorsque leurs épargnes personnelles sont insuffisantes.

Telle est du moins l'idée que l'on doit se faire des services rendus par la société de crédit mutuel, que l'Allemagne pratique avec tant de bonheur, et qui est le véritable type de société coopérative de crédit. Mais on rencontre d'autre part des associations qui ne prêtent à leurs membres que les épargnes faites en commun, et enfin de grandes entreprises destinées à favoriser le développement des sociétés coopératives, bien plutôt que coopératives elles-mêmes. Ces dernières nous arrêteront peu à cause même du caractère qu'elles présentent, et en raison de leur rareté à l'époque actuelle.

§ I. — **De la Société de crédit mutuel. De la Société de propagande.** — L'étude des banques populaires d'Allemagne nous a fait connaître les traits principaux de l'organisation des sociétés de crédit mutuel. Il s'agirait donc plutôt ici d'examiner pour quelles raisons ces institutions si florissantes à l'étranger ne rendent aujourd'hui en France que des services limités. Faut-il en rechercher la cause dans l'état économique actuel de notre pays, auquel cas on devrait se résigner à ne pas voir ces sociétés beaucoup plus prospères dans l'avenir ? Faut-il au contraire s'efforcer de mieux faire comprendre les avantages qu'on peut en retirer, dans l'idée qu'on n'a pas su les bien discerner chez nous ?

La société de crédit mutuel à l'état rudimentaire est formée entre quelques individus qui mettent en commun leurs épargnes et, lorsqu'ils ont constitué de la sorte un capital suffisant, consentent des prêts à ceux d'entre eux qui en sollicitent. Réduite à cela, elle ne peut rendre que des services très limités, et les associés songeront forcément un jour à augmenter leurs moyens d'action, en empruntant au public. Les banques du peuple, en Allemagne, ont fait appel aux capitaux étrangers, et ceux-ci ont afflué dans leurs caisses, parce que ces emprunts étaient contractés sous la garantie solidaire de tous les associés. Est-ce pour n'avoir pas voulu adopter ce principe de l'engagement solidaire que les sociétés françaises de crédit mutuel n'ont réussi qu'à moitié ? Beaucoup le pensent, et l'on ne doit pas méconnaître la confiance qu'une société inspire, lorsqu'elle est composée de gens travailleurs et honnêtes, qui garantissent, chacun pour le tout, le paiement de la dette sociale. Mais il ne faut pas croire que ce soit principalement pour s'être refusées à admettre cette règle, que ces associations ne se sont pas développées davantage en France.

D'autres ont dit qu'elles n'étaient pas nécessaires chez nous. Il y a une part de vérité dans cette allégation ; les banques allemandes s'adressent, nous le savons, à la classe moyenne de la population, qui, si elle n'est pas plus nombreuse en Allemagne qu'en France, a peut-être plus de besoins. Notre pays est riche ; la richesse y est surtout répartie de telle sorte que le crédit y est moins nécessaire à ceux qui constituent la clientèle ordinaire des banques populaires.

Le problème que l'on a toujours posé chez nous est celui du crédit au travail. On a bien souvent répété que c'était là ce qui faisait défaut ; peut-être même l'a-t-on trop répété, car nous ne savons pas si l'on s'entend très bien aujourd'hui sur le sens de cette expression. En somme, quand les travailleurs peuvent-ils avoir besoin de crédit ? Dans le sens courant du mot, ils ont besoin de crédit, lorsqu'ils ne peuvent pas payer ce qu'ils doivent, quand la maladie, le chômage ou toute autre circonstance malheureuse supprime leurs moyens d'existence. Mais ce n'est pas pour satisfaire à ces nécessités que l'on dit le crédit au travail nécessaire. Ce sont les sociétés d'épargne, veritables petites caisses d'épargne privées, dont nous rencontrerons plus loin quelques exemples, les sociétés de secours mutuel, les institutions de prévoyance quelles qu'elles soient qui seront chargées de ce soin. Le travailleur n'aura besoin de crédit que lorsqu'il s'établira producteur ou commerçant, autrement dit quand il créera des sociétés coopératives. C'est afin de fournir alors des avances à l'ouvrier que fut fondée en 1863 le *Crédit au travail*. Nous ne pouvons moins faire que de nous arrêter quelques instants aux institutions de cette nature, bien qu'elles ne soient pas des sociétés coopératives : elles ne prendraient ce caractère que si leur capital était souscrit exclusivement par les coopérateurs eux-mêmes, par ceux qui constituent leur clientèle.

Elles ont pour but le développement des associations ouvrières. Celles-ci ont parfois quelque difficulté à obtenir des institutions de crédit ordinaires les avances qui leur sont nécessaires, à faire admettre à l'escompte les effets de commerce qu'elles ont créés ou endossés. Les banques de propagande peuvent leur rendre de grands services, mais elles doivent ne les accorder qu'à celles qui les méritent ; et souvent elles ont été trop généreuses vis-à-vis de sociétés qui, soutenues par elles, vivaient un temps, puis disparaissaient en entraînant dans leur ruine les banques qui les commanditaient.

Les sociétés de crédit mutuel, auxquelles il faut maintenant revenir, pourraient jouer un rôle très utile, si les économies des travailleurs venaient les alimenter et n'allaient pas toutes aux caisses d'épargne ; chacun y aurait avantage, l'État tout le premier, qui serait ainsi déchargé d'une part de responsabilité, en second lieu les déposants actuels des caisses d'épargne, qui trouveraient un placement encore plus rémunérateur de leurs économies, tous ceux enfin dans l'intérêt desquels on disposerait des ressources ainsi disponibles. A cet égard, l'Italie nous offre l'excellent exemple de ses banques populaires, que nous retrouverons plus tard. C'est spécialement aux cultivateurs que profiterait une semblable réforme. La question du crédit agricole est à l'ordre du jour et récemment encore la *Société nationale d'agriculture* entreprenait, à la demande du gouvernement, une enquête à ce sujet. On devait bien vite constater que la France avait beaucoup à apprendre des nations étrangères, qui se sont occupées récemment de réformes législatives destinées à secourir la population

des campagnes. Cette dernière souffre tout particulièrement chez nous de la concurrence étrangère ;
afin de pouvoir y résister, les agriculteurs doivent
améliorer leurs procédés de culture ; pour cela il leur
faut de l'argent ou du crédit ; or tandis qu'en Allemagne ils trouvent le dernier auprès des banques
populaires de Schulze Delitzsch ou de M. Raffeisen,
en Italie auprès des banques de Milan, Lodi etc,
en Belgique auprès des caisses d'épargne (1), en Por-
tugal enfin auprès des sociétés de crédit agricoles, en
France il n'y a rien de semblable. Or il n'est pas
de pays où l'épargne soit plus abondante que dans ce
dernier ; il faut seulement apprendre à mieux l'utiliser.

En résumé la petite industrie et le petit négoce
n'ont peut-être pas chez nous un aussi grand besoin
de crédit que chez quelques peuples étrangers. Mais
les services à rendre sont encore assez grands pour
que l'œuvre puisse tenter des esprits généreux. Or
l'on considère comme l'une des causes principales du
succès des banques italiennes l'habile direction des
administrateurs qui se trouvent à leur tête ; ce sont
en général des gens de la classe aisée, qui prennent
l'initiative de ces utiles institutions et les servent
sans demander aucune rétribution.

§ 2. — **Sociétés coopératives de crédit en France.**
— Les sociétés coopératives de crédit mutuel sont
très rares en France.

A Paris, il a fallu les patientes investigations de
M. Fougerousse (2) pour en découvrir un certain

(1) Les Caisses d'épargne belges sont autorisées à employer
une partie de leurs fonds en prêts faits aux agriculteurs.
(2) *Économiste français* du 12 août 1882.

nombre formées soit entre petits patrons seulement, soit entre patrons et ouvriers. Les premières admettent à l'escompte les effets de commerce de leurs membres, les secondes consentent en outre quelques avances à ceux-ci en cas de besoin. Les plus prospères sont l'*Abeille*, le *Crédit mutuel*, l'*Economie sociale*, qui, avec un nombre de sociétaires très limité (160 environ au total), arrivent à un chiffre d'affaires de 500,000 fr. par année. Elles procèdent avec une extrême prudence, ne prêtant que moyennant de sérieuses garanties ; lorsque le nombre de leurs adhérents atteint un chiffre fixé par les statuts, elles n'admettent plus de nouvelles recrues ; en résumé, elles rendent plutôt des services comme sociétés d'épargne que comme institutions de crédit.

A Paris, et plus encore en province, on rencontre aussi des associations formées entre gens qui n'ont qu'un but : faire masse de leurs économies, les faire fructifier lorsqu'elles ont atteint un chiffre suffisant et répartir les bénéfices obtenus entre leurs membres. Telle à Paris la *Fourmi*, fondée en 1879 ; les sommes recueillies servent à l'achat de valeurs à lots ; les intérêts et les lots que le sort peut lui attribuer sont répartis entre les associés ; la société se dissout tous les dix ans. En 1884 la *Fourmi* comptait 10,115 participants, propriétaires de 15,333 parts, qui représentaient un capital de 1,260,196 fr. Telles à Lyon d'assez nombreuses associations : la *Boule de neige*, les *Pionniers de l'épargne*, les *Glaneurs*, l'*Epargne croix-roussienne*, la *Ruche lyonnaise*, etc., qui procèdent ainsi que la société parisienne précitée, et donnent de bons résultats.

On ne peut s'arrêter davantage à ces intéressantes

sociétés qui ne sont nullement des institutions de crédit; elles se sont développées dans quelques autres villes : Saint-Etienne, Dijon, etc., et leur fonctionnement simple leur assure toujours le succès.

La place qu'occupaient il y a vingt ans le *Crédit au travail* et la *Caisse des associations populaires* est-elle demeurée vide depuis leur chute?

A Paris, la *Caisse centrale du travail et de l'épargne*, qui n'a d'ailleurs pas comme but spécial de favoriser les sociétés coopératives, joue cependant auprès d'elles, depuis 1880, à peu près le même rôle que les anciennes sociétés de propagande ; elle procède seulement avec une plus grande prudence et fait en outre toutes les opérations de banque courantes.

En province, les sociétés de Lyon, Lille, Saint-Etienne et Cannes, sont plus exclusivement des maisons de crédit populaire. La plus importante d'entre elles, celle de Cannes, a été fondée en 1875, à l'instigation d'un Italien, M. Vigano, qui a contribué activement à la prospérité des banques de son pays. La société française est très florissante aujourd'hui, après avoir eu à surmonter de graves difficultés, son bilan de 1883 accuse une réserve de 231,734 fr. ; un capital de 1 million et des bénéfices de 159,809 fr. pour quatre mois seulement.

§ 3. — **Banques du peuple en Allemagne.** — On comptait, en 1884, 1,965 sociétés de crédit mutuel; 879 d'entre elles avaient adressé leur bilan à l'agence générale : elles possédaient 451,779 membres, un capital propre de 126,518,984 marks, un capital emprunté de 393,166,540 marks, dont un peu moins du tiers appartenant aux sociétaires, et avaient fait

8,198,864 marks de bénéfices nets. Le chiffre des prêts s'élève environ à trois fois celui du capital, c'est-à-dire que les emprunts sont en moyenne contractés pour quatre mois ; l'intérêt servi à l'argent déposé va chaque année en s'abaissant : en 1879, il était de 4.70 %; en 1883, de 4.11 %; en 1884, de 4.05 %. Le taux de l'intérêt exigé des emprunteurs est de 8 %, y compris le droit de commission.

Il est intéressant de savoir quelle est la clientèle de ces banques : artisans libres ou petits industriels, 30 %; agriculteurs, 25 %; ouvriers, 11 %, etc.

Si l'on considère le détail de leurs opérations, on constate que le chiffre total des comptes courants augmente chaque année, et que celui des prêts à découvert diminue dans la même proportion; ces sociétés tendent à devenir des maisons de crédit ordinaires. Elles pourraient d'ailleurs suffire aux opérations qu'elles pratiquent avec un capital d'emprunt moindre ; elles doivent donc chercher, pour une partie de leurs fonds, des placements qui, s'ils sont sûrs, rapportent à peine l'intérêt qu'elles servent aux déposants. D'autre part, les bénéfices n'augmentent pas dans la même proportion que le capital social, et par suite les dividendes à répartir diminuent; le fait que les bénéfices restent à peu près stationnaires n'a rien d'étonnant; il est la conséquence même de l'état d'aisance où sont arrivés les associés qui recourent moins que par le passé au crédit qu'on leur offre. Les affaires sont moins actives, par conséquent moins productives.

Tout au plus pourrait-on, d'après ce tableau, penser que les banques populaires d'Allemagne ont atteint la plus haute prospérité qui leur était réservée; mais si elles ont accompli l'œuvre entreprise, que saurait-on dire qui fût plus à leur éloge ?

En résumé, les services qu'elles ont rendus ont été très grands. Si l'on ajoute aux deux mille sociétés ayant adhéré à l'*Union centrale* celles qui ne l'ont pas fait, et les 7 à 800 banques agricoles, système de M. Raffeisen, on peut estimer à plus de 3,000 les sociétés allemandes de crédit populaire ; et s'il est nécessaire de rappeler les chutes retentissantes de quelques-unes d'entre elles, à Stuttgard, Dessau, Magdebourg, etc., on doit toutefois constater que les échecs ont été bien rares.

§ 4. — **Sociétés de crédit chez les autres nations européennes.** — *Autriche*. — Lorsque nous avons étudié dans la partie historique de ce travail l'état de la coopération en Europe vers 1863, nous avons laissé de côté l'Autriche, car elle ne faisait alors qu'imiter ce qui se passait hors de chez elle, et ne servait pas d'exemple, ainsi que l'Angleterre et l'Allemagne.

Dès l'année 1865 cependant, elle comptait plus de 100 banques populaires, et aujourd'hui elle en possède près de 1,100. On n'a pas de renseignements très précis sur la majorité d'entre elles ; on peut cependant estimer à plus de 20 millions de florins le capital propre de 7 à 800 de ces sociétés ; les fonds empruntés s'élèvent à la somme considérable de 139 millions de florins. C'est dire que les banques autrichiennes, plus encore que leurs voisines, encourent le reproche de n'avoir pas su maintenir une juste proportion entre les deux masses de leur capital social. Une seconde critique qui leur est adressée est d'immobiliser de grosses sommes en prêts sur hypothèque, consentis naturellement à longue échéance. Plusieurs d'entre elles présentent la particularité très remarquable de traiter avec d'autres que leurs membres.

La *Hongrie* compterait 308 sociétés de crédit, dites coopératives; mais beaucoup d'entre elles ne méritent pas ce titre, et sont des associations ordinaires.

En *Italie*, la première banque populaire se créait à Lodi, en 1864, grâce à l'initiative de MM. Luzzati et Vigano. Elle possède aujourd'hui un capital de 1,500,000 fr. et une réserve de 700,000 fr. Deux ans après, en 1866, se fondait celle de Milan qui en 1883 possédait un capital de 7,891,000 fr. et une réserve de plus de 3 millions; les bénéfices de l'exercice s'élevaient à 1,231,000 fr.

Au total on comptait en 1883 225 banques populaires, dont le capital s'élevait à 48,191,457 fr. et les réserves à 13,972,000 fr. Les prêts ou escomptes se chiffraient par 160 millions, et les bénéfices des dernières années étaient en moyenne de 17 % du capital.

Elles empruntent au public, et dans beaucoup de villes la banque est une avec la Caisse d'épargne; le déposant reçoit un livret, et son argent constitue le fonds de roulement de la société. Ainsi en 1883 la Banque de Milan avait 51 millions en dépôts (17 en compte courant et 34 à la Caisse d'épargne). Celle-ci est donc absolument indépendante de l'État; elle emploie les fonds qu'elle reçoit à prêter sur marchandises, hypothéques, ou autre garantie, à escompter le papier des associations populaires moins importantes, etc.

Imitées des sociétés allemandes, les banques italiennes n'ont cependant pas admis la solidarité des membres : en général ceux-ci s'engagent jusqu'à concurrence d'une ou deux fois leur mise.

Le taux de l'intérêt demandé aux emprunteurs s'élève jusqu'à 8 ou 9 % ; on sert aux déposants à vue près de 4 % de leur argent.

La clientèle est à peu près la même que celle des sociétés allemandes (agriculteurs, 25 à 30 % ; industriels, 30 à 35 % ; salariés, 7 %). Elles ne prêtent qu'à leurs membres.

Il existe entre elles une union semblable à celle qui a été fondée par Schulze Delitzsch (1).

L'*Angleterre*, pays de grande industrie et de grande culture, présente un sol moins favorable au développement des sociétés de crédit mutuel. L'ouvrier trouve le crédit ou plutôt l'aide nécessaire dans les associations de prévoyance, et auprès des *Trade-Unions*. On ne peut donc pas s'étonner de ne rencontrer en ce pays que quelques sociétés dites *de prêt et de dépôt* fondées entre ouvriers et gens de petite condition. On connaît mal leur fonctionnement et leur situation.

On sait que certaines associations de consommation et la *Wholesale* de Manchester prêtent à leurs membres, et fonctionnent comme institutions de crédit.

La *Suisse*, si l'on tient compte de sa population, est parmi les nations européennes l'une de celles où la société de crédit mutuel a le mieux réussi. Mais, des 50 banques populaires qu'elle possède, quelques-

---

(1) Il faut lire sur la situation actuelle des banques populaires italiennes les intéressants articles publiés par M. Léon Say dans le *Journal des Débats* (4, 8, 10, 13 et 15 novembre 1883).

unes seulement sont un peu connues, telles que celles de Zursach avec un capital de plus de 4 millions, de Brugg, d'Interlaken, de Wadensweil (près Zurich).

En *Belgique* il y aurait, depuis quelques années, plutôt décroissance que développement des banques populaires. Au Congrès tenu à Dinant en 1883, on n'en signalait que 15 ; elles s'inspirent des sociétés allemandes. La plus importante est certainement celle de Liège qui compte plus de 20 ans d'existence, et possède un capital dépassant 500,000 fr.

Russie. Nous ne pouvons pas nous arrêter longuement aux institutions de crédit populaire en Russie. Il existe cependant aujourd'hui près de mille sociétés de cette nature. Tout est particulier en elles, leur origine, leurs fonctions, leur administration.

Lorsque les serfs affranchis en 1861 durent se suffire à eux-mêmes, il leur fut nécessaire de recourir au crédit. C'était faire une œuvre d'intérêt général que d'organiser les sociétés qui pouvaient le leur procurer. Aussi furent-elles créées sous la haute tutelle des *Zemtsvos* ou conseils provinciaux, qui fournirent une partie des capitaux nécessaires. Cette intervention de l'autorité administrative est telle qu'aujourd'hui encore un fonctionnaire nommé par elle est chargé d'un contrôle sur la gestion de la société.

Elles ne pratiquent guère que le prêt. Elles constituent deux types bien distincts ; les unes, imitées des banques allemandes, admettent la solidarité de leurs membres ; les autres au contraire sont à responsabilité limitée.

Conclusion. — Nous savons le rôle joué par les sociétés coopératives dans le passé et à l'époque actuelle. Que doit-on en espérer dans l'avenir ? Les avis sont très partagés.

Parmi ceux qui sont directement intéressés à la question, c'est-à-dire les ouvriers, il en est peu qui attachent une attention bien sérieuse aux sociétés coopératives autres que celles de production. Ces dernières seules les occupent, et beaucoup d'entre eux comptent sur elles comme sur le seul moyen qui puisse les affranchir du salariat; d'autres au contraire, moins oublieux des échecs subis dans le passé, n'attendent plus rien de la coopération.

Il en existe enfin qui sont heureux de voir l'insuccès des efforts tentés en ce sens, car ceux-ci, disent-ils, sont finalement voués à l'impuissance, et il ne faut rechercher l'affranchissement des classes opprimées que dans une réforme de la société tout entière. C'est ainsi que M. Allemand disait devant la commission d'enquête parlementaire : « La coopération est un système mort-né. Je suis coopérateur par devoir, pour faire voir à mes camarades que je ne veux pas empêcher leurs efforts d'aboutir, mais au fond je fais la guerre à la coopération... Il y a une pierre contre laquelle les ouvriers se buttent, c'est la pierre de la coopération (1). »

Si l'on recherche non plus l'opinion des travailleurs, mais, pour se servir de l'expression consacrée, celle des classes dirigeantes, on voit principalement deux partis qui ne se distinguent que par une nuance. Les uns estiment qu'il faut renoncer à « l'illusion des sociétés coopératives (2) » quelles

---

(1) Enquête parlementaire de 1884, p. 147, col. 1.
(2) Tel est le titre d'un ouvrage de M. Cernuschi.

qu'elles soient, que l'expérience se poursuit déjà depuis trop longtemps et qu'elle a déjà coûté trop cher. Les autres partagent en partie les mêmes idées, prédisent aux ouvriers qu'ils se perdent en s'associant en vue de la production, mais font d'autre part quelques réserves en faveur des sociétés de consommation, de crédit, etc., dont ils reconnaissent les bons effets. Mais l'impression générale n'est guère favorable, il faut le reconnaître. Certains même vont plus loin et se félicitent de voir les salariés essayer de la coopération, non pas à cause du bien qu'ils en retireront, mais parce que l'échec qui les attend leur servira de leçon, et leur fera apprécier davantage leur condition passée.

Il est certain que la société coopérative de production ne transformera jamais l'organisation du travail, ne supprimera pas le régime du salariat; mais, pratiquée dans certaines industries par des ouvriers laborieux, persévérants et possesseurs de quelques économies, elle leur créera une situation indépendante, et les réconciliera avec la classe jadis détestée, dont ils auront forcé les rangs.

Si la société de production ne réussit que rarement, grâce aux qualités, nous dirions presque aux vertus de quelques individus d'élite, les sociétés coopératives d'autre sorte devraient être en France plus nombreuses qu'elles ne le sont. Pourquoi, puisqu'elles prospèrent à l'étranger ne le feraient-elles pas aussi chez nous, si les ouvriers y consacrent leurs efforts, si les gens aisés s'y intéressent, en prennent la direction, les assistent de leurs conseils, et, dans une certaine mesure de leurs secours matériels, si l'Etat enfin ne s'occupe d'elles que pour leur donner une bonne et sage législation ?

—

TROISIÈME PARTIE

DES SOCIÉTÉS COOPÉRATIVES
AU POINT DE VUE JURIDIQUE

———

Les dispositions légales qui régissent aujourd'hui les sociétés coopératives sont contenues dans le titre III de la loi du 24 juillet 1867. Or, comme il a été écrit pour apporter certaines réformes depuis longtemps réclamées à la législation antérieure, il faut, avant d'aborder son étude analytique et critique, indiquer quelle était avant 1867 la situation légale des sociétés coopératives.

CHAPITRE I

CONDITION LÉGALE DES SOCIÉTÉS COOPÉRATIVES AVANT 1867

La loi, pour être bien appropriée aux sociétés coopératives, devrait consacrer deux principes : la variabilité du capital et du personnel, c'est-à-dire faciliter autant que possible l'admission ou la démission des membres, le versement ou le retrait des apports.

Il est en effet indispensable, pour la société coopérative, qui commence avec un nombre restreint d'associés, de pouvoir accueillir chaque jour de nouvelles recrues, de pouvoir accepter la démission de ceux qui désirent se retirer.

Le capital est continuellement en voie de formation; il est constitué par les épargnes de gens qui n'apportent dès le premier jour qu'une somme minime, mais ajoutent à leur première mise le fruit de leurs économies postérieures ; ces mêmes associés peuvent à un moment donné avoir besoin d'une partie de ce qu'ils possèdent ; il faut qu'ils puissent retirer la somme nécessaire, comme ils le feraient d'une caisse d'épargne.

Si théoriquement tout cela était possible avant 1867, en pratique il en était autrement. Il est en effet un grand principe qui domine la matière des sociétés commerciales, celui de la fixité du capital. Ce terme ne présente pas à l'esprit une idée exacte, si l'on s'en tient à ce qu'il paraît signifier : suivant le langage courant il n'y a rien de moins fixe que le capital d'une société commerciale ; il varie continuellement et avec chaque opération. Ce que l'on doit entendre lorsque l'on parle de fixité du capital, c'est que certaines formalités de publicité sont nécessaires toutes les fois que le capital de la société est augmenté ou diminué. L'obligation de se conformer à ces prescriptions est parfaitement légitime en règle générale : la société est une personne morale, qui pour pouvoir traiter avec les tiers doit faire connaître les garanties qu'elle leur offre ; et, si, sans prévenir le public, elle pouvait les supprimer ou les diminuer, la confiance que l'on aurait mise en elle serait absolument trompée.

Cette nécessité d'apprendre aux tiers au moyen de formalités gênantes et dispendieuses les admissions

ou retraites d'associés, et la quotité des versements effectués par chacun d'eux, mettait un obstacle à la
création et au développement des sociétés coopératives. Le plus souvent on n'observait pas la loi, et les
variations dans le personnel et le capital se faisaient
sans publicité, pourvu qu'une clause insérée dans les
statuts en donnât la faculté.

Une autre question très délicate est celle de la responsabilité des associés vis-à-vis des tiers. La nécessité de donner à la société nouvelle le crédit qui lui
est nécessaire, le désir pour les associés de ne pas
engager dans une entreprise souvent périlleuse tout
leur modeste avoir, rendent toujours très difficile
pour une association naissante le choix du régime
auquel elle va se soumettre. Les considérations qui
précédent ont fait souvent désirer que l'on trouvât et
adoptât en pareille occasion une sorte de responsabilité mixte, tenant le milieu entre l'obligation solidaire trop rigoureuse et l'obligation limitée aux mises
qui donne trop peu de sécurité aux tiers.

Or, la société en nom collectif effrayait les ouvriers
par la solidarité qu'elle établissait entre eux ; si, pour
y échapper, ils adoptaient la commandite simple, c'était
au prix des graves inconvénients économiques attachés, comme nous l'avons vu, à cette forme légale.
S'ils choisissaient la commandite par actions, ils devaient observer les règles rigoureuses établies par la
loi de 1856 ; s'ils préféraient la forme anonyme, ils
devaient, jusqu'en 1863, obtenir l'autorisation gouvernementale, et à partir de cette époque ils se heur-
taient à une réglementation très gênante. Ajoutons,
relativement à ces deux dernières formes, que, si la
négociabilité des actions facilite en un certain sens

la variabilité du personnel, elle est plus nuisible qu'utile aux sociétés coopératives, où l'on doit être très sévère dans le choix de nouveaux associés. A vrai dire, la jurisprudence admettait que les statuts donnâssent au conseil d'administration ou à l'assemblée générale le droit de s'opposer au transfert, mais elle décidait que l'associé, à l'égard duquel il était pris une telle décision, recouvrait la faculté de provoquer la dissolution de la société aux termes de l'article 1869 du Code civil (C. de cas., 1er juin 1859).

Nous ne parlons que pour mémoire d'une dernière forme de société commerciale, l'association en participation, dont le caractère est mal défini, qui ne possède pas la personnalité civile, qui donne au gérant des pouvoirs extraordinaires, inaccessible en un mot aux entreprises coopératives.

Mais la société civile, semble-t-il, ne présentait pas les mêmes inconvénients : en effet, elle peut augmenter et diminuer son capital sans publicité, elle peut décider dans ses statuts que la retraite d'un associé, sa mort, sa déconfiture, son interdiction ne dissoudront pas la société ; elle peut organiser la responsabilité de ses membres vis-à-vis des tiers d'une manière plus conforme aux intérêts des parties en présence.

Tout cela est vrai, mais d'une part la société civile n'avait pas, suivant l'avis du plus grand nombre, la personnalité morale. Sans revenir sur cette célèbre controverse, il faut plutôt examiner si les opérations faites par les différentes sociétés coopératives n'ont pas le caractère d'actes commerciaux, ce qui empêcherait l'adoption de la forme civile.

L'intérêt de cette question n'est pas uniquement rétrospectif, et il importe beaucoup de savoir aujourd'hui si les sociétés coopératives ne présentent pas forcément le caractère commercial.

M. Boissonnade, alors agrégé à la Faculté de droit de Grenoble, avait soutenu en 1866, dans un article de la *Revue critique*, que toutes les associations coopératives pouvaient être constituées civilement.

Il commence par démontrer que la société de crédit, formée pour commanditer les associations coopératives, est civile du moment où ces dernières le sont aussi; en effet, la commandite n'est commerciale que lorsqu'elle vient en aide à une entreprise qui a ce caractère. Il ne s'agit donc, observons-le, que des sociétés de propagande, très rares aujourd'hui, et non des associations de crédit mutuel, les seules qui soient, à vrai dire, coopératives. Pour que ces dernières puissent être civiles, il faut tout au moins que leur capital soit exclusivement composé des apports des associés; en effet, si elles empruntent au public, ainsi qu'elles le font le plus souvent, ne doit-on pas leur attribuer le caractère commercial ?

La société de consommation, continue l'auteur, ne fait pas acte de spéculation, et par suite peut adopter la forme civile lorsqu'elle ne vend qu'à ceux qui la composent; en effet, on peut dire que le mot de *vendre* est impropre : elle répartit seulement entre eux les marchandises achetées en gros. Or, dit-il, un moyen bien simple pour qu'elle n'ait affaire qu'avec ses membres consiste à donner un livret de consommateur associé à tout étranger qui prend l'engagement d'acheter chez elle et qui ne veut cependant pas s'exposer aux mauvaises chances de l'entreprise. Mais, dira-t-on, pour faire partie d'une société il est essentiel de faire un apport. Cet apport, répond M. Boissonnade, consiste pour le tiers consommateur en ceci : comme on lui vend les marchandises au-dessus du prix de revient, quitte à lui restituer la différence au jour de la répartition des bénéfices, son apport consiste précisément dans l'abandon qu'il fait de cet excédent du prix de vente sur le prix de revient.

La société de production ne peut être civile que si elle ne vend ses produits qu'à ses associés. C'est là une hypothèse, semble-t-il, qui ne se réalisera jamais. Il est impossible de suivre M. Boissonnade dans l'étude des moyens très ingénieux peut-être, mais à coup sûr très peu pratiques qu'il imagine pour procurer à l'association de production des débouchés suffisants auprès de ses membres.

Ce qu'il faut retenir de tout cela, c'est qu'un certain nombre de sociétés coopératives peuvent adopter la forme civile si elles le désirent. Telles sont les associations de consommation et de crédit mutuel si elles ne vendent et ne prêtent qu'à leurs membres, de construction, celles créées pour l'achat ou la vente en commun, etc.

Dès lors une question se pose dont l'examen va nous servir de transition pour passer à l'étude de la loi de 1867.

Il est très généralement admis qu'une société civile peut prendre l'une des formes commerciales. Mais si elle le fait, est-elle soumise aux règles qui régissent les sociétés commerciales ? Ainsi, avant 1867, si elle se constituait en commandite par actions, devait-elle observer les prescriptions de la loi du 18 juillet 1856 ? Si elle choisissait l'anonymat, devait-elle obtenir l'autorisation gouvernementale ? Et , depuis la loi du 24 juillet 1867, doit-elle, dans l'un et l'autre cas, se conformer aux dispositions que cette dernière édicte ?

Si l'on répond négativement à toutes ces questions, nos sociétés civiles de consommation, de crédit, etc., se garderont d'introduire dans leurs statuts la clause de variabilité du capital, car elles jouissent d'une situation bien plus avantageuse que celle faite aux associations commerciales à capital variable. Elles peuvent abaisser le taux de leurs actions autant qu'elles le désirent, n'exiger de ceux qui les ont souscrites qu'un versement inférieur au dixième; d'autre part, stipuler dans leurs statuts que la retraite d'un associé, sa mort, son interdiction ne porteront pas atteinte à leur existence. A vrai dire, comme on ne leur reconnaît pas la personnalité civile, elles ne pourront pas être représentées en justice par leurs administrateurs; mais la jurisprudence n'applique pas assez rigoureusement cette règle pour que leur fonctionnement en soit sérieusement entravé. Et si d'ailleurs elles tiennent absolument à bénéficier de la disposition de l'article 53 de la loi de 1867, elles pourront adopter la variabilité du capital, se soumettre aux règles du titre III, mais échapper encore à l'application de toutes les autres mesures prises dans l'intérêt des tiers et relatives à la souscription intégrale du capital, à l'appréciation des apports, etc., etc.

La question, dont on voit toute l'importance, s'était posée avant 1867, et un arrêt de la Cour de cassation du 13 mai 1857 (D. 1857. 1,202) avait décidé « qu'en empruntant au Code de commerce le mode spécial d'organisation propre à la société anonyme, les sociétés civiles se soumettent nécessairement aux prescriptions essentielles et d'ordre public qui sont la condition même d'existence de ces sortes de sociétés ».

Donc, avant 1867, la société civile qui s'était constituée par actions devait observer les règles de la loi de 1856, si elle était en commandite, ou se munir de l'autorisation gouvernementale, si elle était anonyme, car dans l'un et l'autre cas il y avait un intérêt d'ordre public engagé.

Une seule raison pourrait faire croire que, depuis 1867, la solution doit être autre. En effet, comme la question avait été soulevée au cours des travaux préparatoires, le gouvernement promit de présenter un projet de loi qui réglât la situation des sociétés civiles qui adopteraient la forme commerciale ; c'était, semble-t-il, reconnaître que la loi nouvelle ne leur était pas applicable. Mais les conséquences d'un pareil système seraient tellement injustifiables, elles créeraient un tel danger pour l'ordre public qu'il faut le rejeter. Il est contraire à la saine raison et au droit, comme le disait un arrêt de la Cour de Paris, en 1858, que par une confusion des règles écrites dans le Code civil et dans le Code de commerce, les parties puissent se soustraire à la fois aux dispositions de la loi civile et de la loi commerciale.

Un arrêt de la Cour de cassation du 28 novembre 1873 (Sirey. 1875. I. 281) statuant, on doit le remarquer dans une espèce très particulière, puisqu'il s'agissait d'étendre aux sociétés civiles à forme commerciale les dispositions *pénales* de la loi de 1867, a jugé qu'il fallait en écarter l'application. Cette décision n'est donc pas, en réalité, contraire à notre système, puisqu'elle est rendue dans une hypothèse exceptionnelle, et en règle générale, il faut souhaiter que la jurisprudence admette la solution contraire jusqu'au jour où le législateur aura, suivant sa promesse faite en 1867, réglé ce point délicat.

Si donc on demeure d'accord avec nous, que la loi de 1867 est applicable aux sociétés civiles par actions, on comprendra qu'elles ont un grand intérêt à adopter la clause de variabilité du capital qui leur permettra de bénéficier des dispositions de faveur du titre III de la dite loi.

Pour les sociétés civiles ayant pris la forme de sociétés commerciales en nom collectif ou en commandite, pour les sociétés demeurées civiles aussi bien quant à la forme que quant au fond, elles devront, les unes et les autres, considérer si elles ont avantage à se soumettre aux règles spéciales du titre III de la loi de 1867 ou à rester sous l'empire du Code de commerce et du Code civil. Dans le premier cas, elles adopteront la clause de variabilité; dans le second cas, elles ne le feront pas.

Chapitre II

LOI DU 24 JUILLET 1867 (Tit. III)

Pour bien se rendre compte de l'œuvre faite par le législateur de 1867, il faut étudier les diverses transformations qu'elle a subies.

Le premier projet créait une loi spéciale aux sociétés coopératives de consommation, de crédit et de production. Le titre qui contenait les dispositions nouvelles avait pour rubrique : « *Des sociétés de coopération* », et son premier article disait exactement ce que l'on entendait par là.

On observa que la loi ainsi conçue négligeait un

certain nombre d'autres sociétés coopératives existantes et le second projet se contenta de faire une
énumération un peu plus complète des diverses
variétés du genre.

Enfin, sur l'avis de la commission du Corps législatif, toute nomenclature disparut de la loi et celle-ci
fut votée telle qu'elle existe aujourd'hui. La commission s'inspirait des vœux exprimés pendant l'enquête que le gouvernement avait provoquée en 1866.
On se rappelle que les ouvriers s'étaient montrés très
hostiles à toute mesure qui parût les exclure du droit
commun, faire d'eux une classe à part dans la société.
D'autre part, on pensa donner à la loi nouvelle une
portée plus haute en faisant participer aux faveurs
qu'elle consacrait toutes les classes de citoyens, tous
les genres d'entreprises. « Il est préférable, disait
« alors le rapporteur, de poser des règles auxquelles
« puissent se plier les faits de demain, aussi bien que
« ceux d'aujourd'hui, des règles générales qui, n'ex-
« cluant aucun des objets possibles de l'activité civile,
« commerciale, industrielle, constitueront une loi de
« droit commun, c'est-à-dire un instrument dont tous
« les citoyens indistinctement pourront se servir. (1) »

Il parut nécessaire, dès lors, de changer la rubrique
du titre III et d'effacer le mot même de « *sociétés de
coopération.* » On y substitua celui de *sociétés à capital variable.* Mais sous ce nom, qu'allait-on créer ?
Un type nouveau qui prendrait place à côté des formes
commerciales existantes, ou bien une simple modalité de ces formes mêmes ? On s'arrêta à ce dernier

(1) Rapport de M. Matthieu devant le Corps législatif,
§ LXXXIX.

parti et l'on décida que toute société serait avant tout en nom collectif, en commandite, anonyme ou civile, mais que, si elle introduisait dans ses statuts la clause de variabilité du capital, elle serait soumise aux prescriptions édictées par la loi nouvelle.

Nous ne voulons ni rechercher ni apprécier ici les raisons pour lesquelles le législateur a cru devoir adopter un pareil système. Nous le ferons lorsque nous critiquerons la loi de 1867 dans ses dispositions applicables aux sociétés à capital variable. Pour le moment il faut seulement exposer ce qui a eu lieu et passer en revue les diverses transformations qu'a subies le projet de loi primitif.

— Le titre III de la loi du 24 juillet 1867, tel qu'il existe aujourd'hui, peut être étudié dans trois sections : dans la première il faut examiner la clause de variabilité en elle-même, dans la seconde les règles imposées à toutes les sociétés qui l'introduisent dans leurs statuts, dans la troisième les règles spéciales aux sociétés à capital variable par actions.

Section I. — *De la variabilité du capital.*

L'article 48 de la loi est ainsi conçu :

« *Il peut être stipulé dans les statuts de toute société* « *que le capital social sera susceptible d'augmentation,* « *par des versements successifs faits par les associés* « *ou l'admission d'associés nouveaux, et de diminution* « *par la reprise totale ou partielle des apports effec-* « *tués.* »

Ce qui donne à la société coopérative son caractère le plus original, c'est, il semble, ce droit de retirer partiellement les apports que l'on a faits, de rester associé en réduisant à une somme parfois minime sa part dans l'actif social. Cette faculté paraissait exorbitante à quelques-uns des députés du Corps législatif qui discutaient le projet de loi : « Je comprends très « bien, disait M. Marie, que dans une société à capi- « tal variable qui se constitue par des mises fraction- « nées, échelonnées, chacun des associés entrant dans « la société avec la pensée de pouvoir se retirer quand « il le voudra, et comme il le voudra, puisse, en effet, « se retirer ; mais à quelles conditions ? C'est que, « d'une part, il se retirera tout à fait avec sa mise totale « et ne restera plus associé, et que... etc. (1). »

Nous accordons qu'il y a là quelque chose, non pas d'inintelligible, mais d'anormal et en même temps d'essentiel au bon fonctionnement des sociétés coopératives. Non pas cependant assez essentiel pour que les statuts soient dans la nécessité d'autoriser la reprise partielle ; il est étonnant que M. E. Ollivier ait été obligé, lors de la discussion, d'en faire la remarque, car il allait sans dire que toute liberté est laissée sur ce point à l'acte constitutif de la société.

La clause permettant l'augmentation et la diminution du capital social peut, dit notre article, être stipulée dans les statuts de *toute* société. Il semble que jamais texte ne fut plus formel que celui-ci ; et cependant tandis que les uns soutiennent que cette clause n'est permise qu'aux sociétés commerciales par actions, d'autres prétendent qu'elle est inadmisible dans la société anonyme.

Les associations qui veulent bénéficier de la loi nouvelle, disent les uns, doivent être constituées par

(1) Séance du 8 juin 1867. *Moniteur* du 9, p. 712.

actions ; en effet le second paragraphe de l'artlcle 48
assujétit celles qui ont adopté la clause de variabilité
aux règles contenues dans les articles suivants ; or,
parmi ces dispositions il en est qui ne sont certainement applicables qu'aux sociétés par actions, par
exemple celles de l'article 50. Malgré la rédaction
défectueuse de l'article 48, la discussion devant le
Corps législatif ne doit laisser subsister aucune hésitation : MM. Garnier-Pagès et J. Simon ayant exprimé
un doute sur ce point, ayant demandé si les sociétés
qui voudraient bénéficier de la loi devraient se constituer par actions, « passer par ce lit de Procuste »,
suivant les termes mêmes dont se sont servis les orateurs, il leur fut répondu d'une façon qui semble bien
faite pour ne laisser demeurer aucune incertitude (1).
D'ailleurs, exclure des avantages accordés par la loi
toutes les sociétés par intérêt, serait restreindre considérablement l'utilité des réformes introduites. Comment enfin expliquer l'article 53, si les sociétés civiles,
et à plus forte raison les sociétés commerciales par
intérêt ne pouvaient pas adopter la variabilité du
capital ?

Malgré la valeur des arguments qui précèdent,
malgré l'avis conforme de tous les auteurs, qui ont
traité la question, il règne une telle confusion dans
les discussions qui se sont produites devant le Corps
législatif, il a été prononcé en cette occasion tant de
paroles contradictoires, que l'opinion contraire à
celle que nous avons soutenue est encore assez répandue. — On a maintes fois déploré lors de l'enquête de
1883 la nécessité où se trouvent les sociétés coopéra-

(1) Séance du 7 juin 1867. *Moniteur* du 8, p. 707.

tives de prendre la forme de sociétés par actions.
On a dit et répété aux ouvriers qui venaient déposer
devant la Commission qu'il y avait là pour eux une
condition essentielle. On sait encore que M. B.
Rampal. a laissé à sa mort une somme fort importante que l'on devra utiliser en prêts faits aux sociétés coopératives; l'une d'elles, s'étant adressée à la
Commission qui examine les demandes, a vu la
sienne repoussée parce que, lui a-t-on dit, elle n'était
pas constituée en anonymat.

Ne peut-on pas attribuer, en partie du moins, cette
confusion dans les idées au caractère bien étrange de
la loi française, qui, en faisant de la société à capital
variable une modalité des sociétés civiles et commerciales, ne pouvait pas aboutir à la création d'un type
nettement caractérisé.

Nous passons à la seconde question, à la seconde
controverse soulevée : la société anonyme peut-elle
adopter la variabilité du capital? On a prétendu
en 1867 que la loi, si elle autorisait les sociétés anonymes à introduire cette clause dans leurs statuts,
méconnaîtrait les caractères les plus essentiels de ces
sociétés, et aboutirait même à la violation des règles
écrites dans le Code de commerce. L'article 34 du
C. de com., disait-on, exige que les sociétés anonymes divisent leur capital en actions ou coupons
d'actions d'égale valeur. Cette disposition est incompatible avec la règle de la variabilité du capital,
car, en adoptant cette dernière, les associés acquièrent
le droit de faire des versements ou des retraits quoti-
diens, en un mot de posséder des actions de valeur
inégale. — Cet argument repose sur une mauvaise interprétation de l'article 34 ; ce qu'il veut, c'est que les

actions aient un taux égal, soient d'une valeur nominale
semblable, mais il ne s'occupe en rien des versements
qui peuvent varier avec chaque actionnaire.

On a fait une seconde objection plus intéressante,
non pas qu'elle ait plus de valeur, mais parce qu'elle
n'est possible qu'avec une loi défectueuse. L'action,
a-t-on dit, est essentiellement négociable ; lui enlever
ce caractère, c'est la dénaturer absolument. Or l'article 50, 3° alinéa, décide que le conseil d'administration ou l'assemblée générale peuvent s'opposer
au transfert, si les statuts le leur permettent. Est-il
possible de concilier cette quasi-incessibilité avec les
caractères constitutifs de l'action ? — Il faut répondre
que la cessibilité parfaite est de la nature de cette
dernière, mais non de son essence, et qu'une société
anonyme peut parfaitement, et sans perdre son caractère, stipuler que ses membres ne sauront négocier
leurs parts sans son agrément.

La réponse est péremptoire ; mais l'objection, si elle
n'était pas fondée en droit, révélait un vice dans la
loi. Le législateur, en autorisant une modalité qui
transformait la nature des formes de sociétés auxquelles on l'adjoignait, ne faisait pas une œuvre bien
claire ; il rendait possible les incertitudes et les con-
troverses qui se sont produites dans la suite.

Il demeure néanmoins acquis que les sociétés civiles
et commerciales, quelles qu'elles soient, peuvent
admettre la variabilité du capital.

Mais peuvent-elles ne stipuler qu'une partie de la
clause de l'article 48, écrire par exemple dans leurs
statuts que le capital sera susceptible d'augmentation
et non de diminution, et cependant bénéficier de tous
les avantages conférés aux sociétés à capital variable ?

On voit de suite l'objection possible : si une société quelconque peut émettre des actions de 50 fr. et se constituer après le versement du dixième, en insérant seulement dans ses statuts une clause qui autorise l'augmentation de son capital par l'admission de nouveaux associés ou des versements opérés par les souscripteurs primitifs, la loi de 1867 dans ses prescriptions les plus essentielles va être constamment tournée.

L'objection a la plus grande valeur et peut faire hésiter ; cependant il est douteux que dans l'esprit du législateur la clause de variabilité, c'est-à-dire permettant à la fois l'augmentation et la diminution du capital, fût indivisible.

On a déclaré à maintes reprises, lors des travaux préparatoires, que la faculté de retrait était permise parce qu'elle pouvait être fort utile à certaines sociétés naissantes, mais qu'en règle générale elle devait être restreinte le plus possible dans l'intérêt même de l'entreprise. C'est pour cela que la nouvelle loi fixait un minimum au-dessous duquel le capital primitif ne devait pas être réduit, mais permettait aux associés de limiter la faculté de reprise d'apports, autant qu'ils le voudraient. Supposons donc que l'on admette l'indivisibilité de la clause de variabilité ; la société pour se conformer à la loi écrira dans ses statuts : le capital social est de 10,000 fr.; il est susceptible d'augmentation ou de diminution ; il ne pourra pas être diminué par des retraits ou reprises d'apports au-dessous de la somme de 9,999 fr. En un mot, permettre aux sociétés à capital variable de restreindre sans limite la faculté de retrait, c'est permettre de la supprimer.

On peut ajouter que la forme nominative des actions, la faculté que l'on peut accorder au conseil d'administration ou à l'assemblée générale de s'opposer au transfert, sont des garanties suffisantes pour empêcher toute intention d'agiotage chez les fondateurs des sociétés à capital variable.

Malgré ces arguments, la Cour de Lyon, par un arrêt du 12 janvier 1872 (Sirey, 1873, 2, p. 65), a décidé que la clause de variabilité était indivisible.

SECTION II. — *Règles communes à toutes les sociétés à capital variable.*

§ 1. — **Exercice de la faculté de retrait. Ses conséquences.** — (Art. 51, 1ᵉʳ et 2ᵉ al. ; 52, 1ᵉʳ et 3ᵉ al. Du droit d'exclusion (52ᵉ al.).

1° *Exercice de la faculté de retrait.*

Art. 51, 1° et 2°. — *Les statuts détermineront une somme au-dessous de laquelle le capital ne pourra être réduit par les reprises des apports autorisés par l'article 48. — Cette somme ne pourra être inférieure au dixième du capital social.*

Art. 52, 1°. — *Chaque associé pourra se retirer de la société lorsqu'il le jugera convenable, à moins de conventions contraires et sauf l'application du paragraphe 1ᵉʳ de l'article précédent.*

Dans les deux premiers projets de loi il n'avait été fixé aucune limite au-dessous de laquelle le fonds social ne pût s'abaisser, et les statuts étaient absolument libres d'autoriser l'exercice de la faculté de retrait, comme ils l'entendaient. Le projet définitif a cru prudent d'obliger l'association à déterminer une

somme au-dessous de laquelle le capital ne pût être
réduit par les reprises d'apports totales ou partielles,
et édicta que cette somme ne serait pas en tous cas
inférieure au dixième du capital social.

Le système suivi par la loi française a été l'objet de
diverses critiques. Les uns prétendent qu'elle eût
mieux fait d'imiter les lois allemande, belge, italienne, qui, pour remédier aux abus que peut entraîner la faculté de retrait, en ont soumis l'exercice à
certaines conditions de temps. D'autres estiment que
la restriction introduite par la loi offre une garantie
absolument illusoire, et qu'une société, dont le capital
social peut être réduit au dixième, ne saurait inspirer
aucune confiance ni avoir aucun crédit. Bien mieux,
le fonctionnement de l'entreprise peut devenir impossible, car l'achat du matériel nécessaire immobilisera
dans bien des cas plus du dixième du capital social.
On ajoute que les associés eux-mêmes, quelle que
soit la confiance qu'ils ont dans la société, s'effraie-
ront de la limite extrêmement basse à laquelle peut
descendre le fonds commun, et que, afin de ne pas
être seuls à avoir de l'argent dans la caisse sociale, ils
retireront celui qu'ils ont versé, sans en avoir aucun
besoin. Le remboursement sera le prix de la course.

Ces critiques s'adressent en fait au principe même
de la faculté de retrait, plutôt qu'à la limite fixée par
la loi. Une société serait bien imprudente, si, devant
immobiliser une grosse partie de son capital, elle sti-
pulait, avec toute l'étendue qu'autorise l'article 51, la
faculté de reprise d'apports. Le plus souvent on ne
la tolérera que dans une moindre proportion, et les
associés feront bien, en outre, de prendre telles mesures qui leur sembleront convenables, pour empêcher

que les remboursements ne soient demandés et effectués en moment inopportun.

A notre avis la loi aurait même dû être plus large et ne pas faire preuve d'une demi-prévoyance pour le compte des associés. Il était sage d'exiger que les statuts fixassent une somme au-dessous de laquelle le capital ne pût être diminué; mais le législateur ne devait pas déterminer lui-même la limite extrême ; il devait laisser sur ce point toute liberté aux associés. Le public est toujours bon juge de la confiance que mérite une entreprise, et une société, qui eût abusé de la pleine liberté qu'on lui laissait, eût été sans crédit.

Une fois le chiffre minimum fixé, il est invariable. Un amendement avait été présenté en 1867 par M. J. Simon pour permettre à la société, en se conformant de nouveau aux prescriptions de publicité requises, d'abaisser le montant de la somme au-dessous de laquelle les reprises deviennent impossibles. L'auteur de la proposition expliquait que les tiers qui contracteraient avec la société antérieurement à la décision par laquelle on modifierait le chiffre minimum, conserveraient les mêmes droits que par le passé, et pourraient s'opposer, jusqu'à ce qu'ils fussent complètement désintéressés, à toute reprise au-dessous de la limite fixée en premier lieu. Cet amendement a été repoussé, et à juste titre ; en effet du moment où l'acte constitutif déterminait un minimum, permettre lorsqu'il aurait été atteint d'en fixer un second, c'eût été donner lieu à de grandes complications, si l'on avait voulu sauvegarder les droits des tiers ; il aurait fallu procéder à leur égard à une liquidation partielle de la société ; n'est-il pas plus simple de la liquider complètement et de la reconstituer avec un nouveau capital et un nouveau

15

minimum, si l'expérience a prouvé que ces réformes sont nécessaires ?

Supposons qu'il soit stipulé dans une société à capital variable par actions qu'il pourra être prélevé chaque année sur le fonds social une somme que l'on consacrera à servir des intérêts aux apports des associés. Les statuts décident en outre, supposons-le, que les reprises ne devront pas diminuer le capital social de plus de moitié, par exemple. Est-ce que la première convention, dont la doctrine et la jurisprudence reconnaissent la validité, permettra d'entamer le capital irréductible de la société ? Il n'est aucune bonne raison pour l'admettre ; car la stipulation dont il s'agit n'est autre chose qu'une clause de reprise d'apports collective et non plus individuelle ; une limite est assignée à ces retraits, et il ne faut pas la dépasser.

Peu importe que le minimum fixé soit atteint par des reprises d'apports ou pour toute autre cause. Le paragraphe 1er de l'article 51 est conçu en termes qui ont semblé à quelques-uns laisser subsister un doute. Il ne nous paraît pas justifié.

Après avoir étudié dans quelle limite peut s'exercer la faculté de retrait, et avant de passer aux conséquences qu'elle produit, il faut mentionner une nouvelle controverse, car chaque phrase de cette malheureuse loi a été l'objet d'une contestation. On a prétendu que les prescriptions des deux premiers alinéas de l'article 51 étaient inapplicables aux sociétés à capital variable *par intérêt*. En effet, a-t-on dit, s'il en était autrement pourquoi intercaler les règles dont il s'agit entre l'article 50 et le 3ᵉ alinéa de l'article 51, qui sont certainement spéciaux aux sociétés par actions ? On ajoute que dans une société par intérêt il importe peu qu'une limite soit ou non fixée aux reprises d'apports, car les tiers ont pour garantie l'engagement solidaire de tous les associés dans la société en nom collectif, des associés en nom dans la commandite. Les travaux préparatoires viennent absolument contredire une semblable opinion : dans les deux premiers projets, l'article correspondant à l'article 51 actuel était déclaré applicable à toutes les sociétés à capital variable ; or, rien dans le rapport ou les débats qu'il a soulevés ne laisse supposer l'intention chez le législateur de 1867 d'introduire une modification dans la loi.

2° *Conséquences de la retraite d'un associé.*

L'article 52 qui autorise un associé à se retirer et à reprendre ses apports tant que cela ne porte pas atteinte au capital irréductible ne parle pas de ses droits en pareil cas. Il faudra consulter les termes des statuts ; ceux-ci contiennent forcément une clause relative à la reprise des apports ; il s'agira de l'interpréter. Mais, en règle générale, et sauf stipulation contraire bien formelle, il semble qu'on ne saurait restituer à l'associé ses apports sans tenir compte de l'état actuel de la société, c'est-à-dire des bénéfices réalisés ou des pertes subies. Or, comme on ne saurait faire un inventaire nouveau, à chaque démission d'un membre, il sera sage de stipuler dans l'acte constitutif ce que la loi belge pose en règle générale, c'est-à-dire que le dernier bilan donnera la mesure des droits du démissionnaire (1).

(1) Le nouveau projet de loi sur les sociétés commerciales, présenté en 1884 au Sénat, règle, ainsi que le fait la loi belge, les droits de l'associé en pareil cas.

Pour ce qui regarde les devoirs de l'associé qui se retire, l'art. 52 (3e al.) s'exprime ainsi : *L'associé qui cessera de faire partie de la société, soit par l'effet de sa volonté soit par suite de décision de l'assemblée générale, restera tenu pendant cinq ans envers les associés et envers les tiers de toutes les obligations existant au moment de sa retraite.*

Le premier projet de loi déclarait l'associé tenu des dites obligations *dans les termes des statuts.* La Commission du Corps législatif estima qu'il ne fallait pas laisser une aussi entière liberté à la convention, et que la retraite constituant à l'égard des membres qui disparaissaient des dissolutions véritables de la société, les statuts ne pouvaient pas les dégager de leurs obligations vis-à-vis des tiers. C'est là ce que le rapporteur a formellement exprimé.

Dans les rapports des associés entre eux, la liberté des conventions demeure complète, et la prescription de cinq ans établie par l'article 52 peut être réduite à un laps de temps plus court.

Du moment où l'on considérait que la retraite d'un associé équivalait à une dissolution partielle, il était naturel d'emprunter le délai de prescription de l'article 64 du Code de commerce, aux termes duquel : *toutes actions contre les associés non liquidateurs et leurs veuves, héritiers ou ayants cause, sont prescrites cinq ans après la fin ou la dissolution de la société* (1).

Le plus souvent d'ailleurs cette responsabilité sera illusoire, et l'on hésitera avant de poursuivre un ouvrier qui n'a pour toute ressource que son travail quotidien.

(1) Dans le nouveau projet de loi, le délai de prescription n'est plus de cinq ans, mais de deux ans.

La disposition de l'article 52 est presque toujours inconnue aux membres d'une société coopérative ; ils s'imaginent être à l'abri de tout recours, du jour où ils se retirent. C'est une observation faite par les gérants qui sont venus déposer devant la Commission d'enquête en 1883.

Les lois allemande et autrichienne fixent la première un délai de deux ans, la seconde d'une année, dans la même hypothèse. Les autres législations sont muettes sur ce point ; on observe alors la prescription de droit commun.

Aucune condition de publicité n'est exigée, nous le savons, pour la retraite des associés qui ne sont pas gérants ou administrateurs. C'est là une règle écrite dans l'article 62 de la loi, et qui constitue le caractère tout à fait distinctif des sociétés à capital variable.

3° Du droit d'exclusion.

Art. 52. — 2° « *Il pourra être stipulé que l'assemblée générale aura le droit de décider, à la majorité fixée pour la modification des statuts, que l'un ou plusieurs des associés cesseront de faire partie de la société.* »

Il y a là un droit qui ne doit être exercé qu'avec une extrême réserve et dans des cas particulièrement graves. Aussi la loi française exige-t-elle pour l'exclusion une majorité au moins égale à celle qui est requise pour la modification des statuts. D'ailleurs, la décision de l'assemblée n'a pas besoin d'être motivée et n'est susceptible d'aucun recours.

La faculté d'exclusion disparaît-elle lorsque le minimum fixé aux termes de l'article 51 est atteint ? Cela ne nous paraît pas douteux, car l'associé exclu devant être remboursé de ses apports, le capital irréductible serait entamé et les droits des tiers seraient lésés, si l'on donnait une autre solution. On a bien objecté, à vrai dire, que le second alinéa de l'article 52 ne renvoyait pas, ainsi que le premier, à l'article 51 et par conséquent n'assignait pas comme limite au droit d'exclusion celle que l'article précédent fixe à la reprise des apports. On ajoutait que le droit d'exclusion est essentiel à la prospérité d'une société coopérative dont on doit écarter tout membre indigne, et que dans notre opinion il serait souvent illusoire. Tout cela est vrai, mais les tiers doivent avant tout demeurer certains de conserver le gage qui leur est affecté. Il sera donc sage de stipuler dans les statuts que, même lorsque le capital aura atteint le chiffre minimum irréductible, un membre indigne pourra être exclu par l'assemblée si l'un de ses coassociés ou un tiers vient prendre sa place dans la société.

Les droits et les devoirs de l'associé exclu sont les mêmes que ceux de celui qui se retire volontairement. La plupart des législations étrangères contiennent la même règle ; seule, la loi portugaise, que l'on ne saurait approuver en ce cas, décide que l'exclu n'aura pas droit à la restitution de sa part.

§ 2. — **De la représentation en justice.** — Art. 53. — « *La société, quelle que soit sa forme, sera valablement représentée en justice par ses administrateurs.* »

Cet article, inutile pour les sociétés commerciales, permet aux sociétés civiles de se faire représenter en justice, ce qu'elles n'auraient pas pu sans une disposition spéciale, puisqu'elles ne jouissent pas de la personnalité juridique. La faveur qui leur est accordée consiste donc uniquement en cela, et l'article 53 ne concède pas, comme certains l'ont prétendu, la personnalité à toutes les sociétés à capital variable. La lecture des travaux préparatoires ne peut, semble-t-il, laisser subsister aucun doute sur ce point : l'article 53, dit l'exposé des motifs, octroie aux sociétés auxquelles il s'applique, « *le droit si précieux d'être représentées devant les tribunaux par leurs mandataires légaux* ». Ces termes si clairs montrent bien qu'il n'a nullement été question de reconnaître à toutes les sociétés à capital variable, même civiles, la personnalité avec toutes ses conséquences.

§ 3. — Dérogations apportées aux causes ordinaires de dissolution de la société. — Art. 54. — « *La société ne sera point dissoute par la mort, la retraite, l'interdiction, la faillite ou la déconfiture de l'un des associés; elle continuera de plein droit entre les autres associés.*»

Cette disposition ne fait qu'établir en règle générale pour les sociétés à capital variable ce qui exige ordinairement une clause statutaire dérogatoire au droit commun. Celui-ci, contenu dans l'article 1865 C. C., est tellement incompatible avec la nature même des sociétés coopératives, que la plupart d'entre elles, avant 1867, en écartaient l'application.

L'article 54 est inutile pour les sociétés constituées par actions; en effet, la mort, la retraite et tous les événements prévus dans cet article, n'ont aucune influence sur l'existence de pareilles associations.

§ 4. — Règles de publicité. — Il faut chercher, hors du titre III de la loi de 1867, les règles applicables aux sociétés à capital variable en cette matière.

On se rappelle que les formalités de publicité ordi-

nairement exigées sont de deux sortes : les premières
sont accomplies lors de la fondation de la société; elles
apprennent aux tiers la naissance de l'association, la
manière dont elle est organisée, le capital dont elle
dispose ; les secondes ne sont nécessaires que dans
certaines circonstances exceptionnelles, lorsqu'un associé se retire ou quand il se produit quelque change-
ment dans la constitution du capital, le but, la durée
de la société.

Les associations à capital variable sont en partie
dispensées des formalités de publicité accidentelles;
elles ne sont pas obligées de publier les augmentations et diminutions de capital qui résultent des versements ou reprises d'apports, les retraites ou admissions d'associés autres que les gérants ou administrateurs (art. 62). Elles doivent toutefois publier les
augmentations de capital, qui sont décidées en assemblée générale, aux termes de l'article 49. L'article 61
renvoie, en effet, formellement à ce dernier.

Il est enfin des mesures de publicité constantes, qui
sont destinées à porter à la connaissance des tiers qui
traitent avec la société le caractère de celle-ci. — Telle
la nécessité dans « *tous actes, factures, annonces, pu-
blications et autres documents imprimés ou autogra-
phiés* » de faire suivre la dénomination sociale d'une
mention qui apprenne la variabilité du capital (article 64, 2ᵉ alinéa).

Nous nous abstenons en général de critiques d'ensemble portant sur les traits caractéristiques de la loi
française, car elles trouveront mieux leur place plus
tard. Il faut toutefois observer ici, sauf à développer ce point dans la suite, que la loi de 1867, à
la différence des autres législations, n'a pas su rem-

placer les formalités de publicité génantes et dispendieuses qu'elle supprimait à bon droit, par des mesures simples et peu coûteuses destinées à renseigner le public sur la situation de la société, l'état de son personnel et de son capital.

SECTION III. — *Règles spéciales aux sociétés à capital variable par actions.*

Elles sont contenues dans les articles 49, 50 et 51. Les deux derniers sont spéciaux aux sociétés par actions, on n'en saurait douter. Quant à l'article 49, nous verrons, lorsque nous l'étudierons, pour quels motifs on doit donner la même solution.

Les règles contenues dans les articles 49, 50 et 51 3° sont les unes extensives, les autres restrictives du droit commun.

§ 1. — **Règles extensives du droit commun.** — 1° *Du taux des actions.* — L'article 1er de la loi de 1867 fixe au minimum de 500 ou 100 fr. le taux des actions, suivant que le capital excède ou non 200,000 fr. Si l'on eût soumis les sociétés à capital variable à cette règle, leur développement en eût été certainement entravé, car la somme de 100 fr. est déjà trop considérable pour les modestes ressources de ceux qui les composent.

Fallait-il donc laisser toute liberté à la convention, et autoriser l'émission d'actions d'une valeur quelconque ? L'article 53 du premier projet le permettait, et presque toutes les législations étrangères ont suivi ce système. Mais on se contenta en 1867 d'abaisser de 100 à 50 fr. le taux minimum autorisé (art. 50. 1°). Comme on admettait d'autre part la constitution de la société après le versement du dixième seulement, il parut prudent d'offrir comme garantie aux tiers une somme de 5 fr. au moins par actionnaire. Réduits à ce chiffre, les premiers déboursés ne sont pas onéreux pour l'associé, et sont possibles à tous.

Le nouveau projet de loi sur les sociétés commerciales autorise l'émission de coupures de 25 fr.

Une société à capital variable peut maintenir ses actions à 50 fr. alors même que son capital, primitivement de 200,000 francs, serait porté à un chiffre supérieur par des augmentations successives. Un doute s'était élevé sur ce point dans l'esprit de quelques députés du Corps législatif, qui prétendaient que l'article 50 n'était pas assez explicite ; en effet, disaient-ils, l'art. 48 soumet les sociétés à capital variable « *aux règles générales qui leur sont propres suivant leur forme spéciale* » ; par conséquent celles qui sont constituées par actions devront, si on ne les en dispense pas formellement, se conformer à l'article 1er de la loi du 24 juillet 1867, et élever le taux de leurs actions, lorsque leur capital sera porté au-dessus de 200,000 fr. La Commission et la Chambre des députés estimèrent qu'une disposition spéciale était inutile pour écarter l'application de l'article 1er de la loi.

Il n'est fixé aucun maximum à la valeur des actions. — La loi italienne au contraire veut qu'elle ne dépasse pas 100 fr.; sans doute afin que des sociétés de gros capitalistes ne puissent pas prendre la forme coopérative pour bénéficier des faveurs qui y sont attachées. Nous dirons dans un instant pourquoi ces craintes nous semblent vaines, et pourquoi une société ordinaire n'adoptera jamais la variabilité du capital afin de profiter de quelques privilèges sans grande importance pour elle, si le but qu'elle poursuit ne s'en accommode pas.

2° *Versement du dixième.*

Art. 51. 3° « *La société ne sera définitivement cons- tituée qu'après le versement du dixième.* »

Si l'on suppose les actions fixées à 5o fr., les associés ne devront verser qu'une somme de 5 fr. pour permettre à la société de fonctionner.

Bien mieux, certains d'entre eux pourront apporter moins encore, si l'on admet que l'article 51 entend parler du dixième *du capital social;* dans ce cas, si quelques membres versent plus que le minimum ré- clamé, certains autres pourront être admis avec un apport moindre que le dixième de leur part.

Le texte de l'article 51 n'est pas très clair; il semble- rait bien, à rapprocher son troisième alinéa du para- graphe précédent, que le dixième *du capital social* est seul exigé, car ce sont là les termes mêmes em- ployés dans le second paragraphe, et la loi est mal rédigée, si, voulant ensuite parler du versement d'un dixième sur chaque action, elle est aussi peu explicite. On ajoute que l'intérêt des tiers n'est pas en jeu, pourvu que le minimum de garanties auquel ils ont droit leur soit offert.

Néanmoins nous croirions plutôt que la loi, trop concise sans doute, a un autre sens. Dans les so- ciétés ordinaires, lorsqu'on parle du versement du quart, il est entendu que l'on parle du quart sur chaque action; le législateur s'est conformé au langage courant, et diminuant la quotité réclamée, il a demandé à chaque associé le versement du dixième sur chaque part.

Un des arguments que l'on a fait valoir en sens contraire, c'est que notre solution n'est pas favorable aux sociétés coopératives, et qu'il faut autant que possible en faciliter l'accès aux bourses même les plus modestes, pour lesquelles la simple somme de 5 francs est parfois trop considérable. Cet argument s'attaque moins à notre système sur le point particulier que nous venons d'étudier, qu'à la règle même de l'article 51 lorsqu'il exige un versement minimum quelconque, pour la constitution de la société.

La loi française mérite-t-elle donc d'être critiquée à ce nouveau point de vue ? Oui, dit-on, car le propre des sociétés coopératives est de commencer avec des capitaux très minimes, et l'on cite un certain nombre de celles qui sont aujourd'hui parmi les plus prospères, et qui ont été constituées avec des versements inférieurs à la somme de 5 fr. On ajoute qu'il faudra peut-être longtemps aux ouvriers qui voudront fonder une société, pour réunir ce premier apport nécessaire ; les bonnes volontés se lasseront, et le projet échouera peut-être, faute d'avoir pu être réalisé de suite. Cette dernière objection présentée lors de la discussion avait été réfutée par M. le ministre du commerce qui avait dit: « Une société coopérative peut exister entre les asso- « ciés avant d'exister à l'égard des tiers ; elle constitue « alors une sorte de société *sui generis*, ayant pour « objet de recueillir les épargnes de chacun pendant « quelques mois, de constituer au moyen de verse- « ments de 10, de 15, de 20 centimes la somme de

« 5 fr. nécessaire pour la constitution à l'égard des
« tiers (1). »

Toute la question est donc de savoir si une société
coopérative peut engager des opérations avec quelque
utilité, alors que ses membres n'ont pas encore acquis
la modique somme qui leur est demandée. Nous ne
le croyons pas ; ou bien, en tout cas, il faudrait que
l'entreprise nouvelle fît appel aux capitaux étrangers,
et cherchât toutes ses ressources dans un crédit qu'on
serait bien naïf de lui accorder. Nous avons trop souvent répété que l'épargne individuelle devait toujours
précéder l'association entre ouvriers, pour critiquer
une loi qui la rend nécessaire.

§ 2. — **Règles restrictives du droit commun.** — Nous
arrivons aux dispositions restrictives des articles 49
et 50 ; elles traitent du montant du capital social, de
la forme et de la négociation des actions.

1° *Montant du capital social.*

Art. 49. — « *Le capital social ne pourra être porté
par les statuts constitutifs de la société au-dessus de
la somme de deux cent mille francs.*

« *Il pourra être augmenté par des délibérations de
l'assemblée générale prises d'année en année ; chacune
des augmentations ne pourra être supérieure à deux
cent mille francs.* »

L'article 49 peut-il être rangé parmi ceux qui sont
spéciaux aux sociétés à capital variable par actions ?

Si l'on faisait abstraction des travaux préparatoires,
on serait certainement en droit de le nier. En effet,

---

(1) Séance du 8 juin 1867. *Moniteur* du 9, p. 711.

l'article 49 est conçu en termes généraux; d'autre part, il peut sembler étonnant qu'une société en nom collectif ou en commandite simple puisse adopter la variabilité du capital, bien que ce dernier soit très considérable. Néanmoins, si l'on étudie attentivement le rapport présenté au nom de la commission par M. Mathieu, il faut reconnaître, ainsi que le dit le rapporteur lui-même dans son commentaire de la loi de 1867 (p. 245), que « la limitation du capital à 200,000 fr. est corrélative à la division de ce capital par actions ». En effet dans le rapport présenté à la Chambre nous lisons : « Des garanties étaient nécessaires contre le retour possible des scandales qui, antérieurement à la loi de 1856, ont déshonoré la société en commandite, en faisant d'elle un trop facile instrument de fraude et de spoliation .... Fallait-il pour prévenir ce mal limiter le capital des sociétés à capital variable etc ?. . . (1).

Plusieurs autres passages du rapport prouvent également que, dans l'esprit de la commission, la limitation du capital ne concernait que les sociétés par actions. M. Mathieu affirme dans son commentaire (p. 245) que la discussion « en fournit à chaque page la preuve ». Il faudrait donc admettre que les députés du Corps législatif se sont étrangement mépris sur le sens du rapport, et ont oublié tout ce qui avait été dit devant eux, pour donner à l'article 49 une portée générale (2).

(1) Rapport présenté au Corps législatif le 3 mai 1867 par M. Mathieu, paragraphe XC.
(2) Dans le même sens : Droit commercial de Lyon-Caen et Renault, p. 275 et 276.

La disposition de l'article 49 1° a donc été dictée par la crainte que certaines sociétés formées dans un but d'agiotage ne prissent la forme à capital variable, afin de pouvoir tourner les prescriptions de la loi de 1867. Ce sont là, à notre avis, des scrupules exagérés, et nous croyons que seules les sociétés coopératives formées entre ouvriers ou du moins entre gens de situation modeste adopteront la forme dont il s'agit. Une entreprise sérieuse n'aurait aucun intérêt à le faire, car il ne lui est pas nécessaire d'émettre des actions à un taux modique, de se constituer après le versement du dixième, et les formalités de publicité dont elle serait dispensée ne sont pas assez coûteuses pour qu'elle ait un bénéfice sérieux à les éviter. D'autre part une association d'agioteurs qui penserait lancer une affaire sans fondement sérieux, en profitant de ce que la loi autorise les sociétés à capital variable à émettre de petites coupures, serait immédiatement jugée à sa juste valeur. Supposons que le public soit invité à souscrire les 20,000 actions d'une société constituée au capital d'un million ; sa méfiance sera aussitôt en éveil.

Est-ce à dire que la loi française, par la règle que nous critiquons, ait empêché le développement des associations coopératives ? On l'a prétendu ; on a même cité, lors de la discussion, le cas de l'une d'elles qui s'était fondée avec un capital supérieur à 200,000 fr. Nous croyons en tout cas qu'il serait difficile de trouver d'autres exemples semblables dans toute l'histoire de la coopération. Cette dernière n'a malheureusement pas pris chez nous d'assez grands développements pour que la disposition de l'article 49 fût gênante. Mais il aurait pu en être autrement. Aujourd'hui encore l'avenir nous réserve peut-être des surprises, et la suppression de la règle dont il s'agit pourrait être utile et serait certainement sans inconvénients. Admettons même qu'il soit à craindre de voir la forme à capital variable servir de masque à des sociétés véreuses ; il y a des moyens meilleurs pour échapper à ce danger, et sans vouloir anticiper sur ce que nous aurons plus loin à dire, il semble que restreindre la cessibilité des actions serait un procédé plus efficace.

2° *Forme et négociation des actions.*

Art. 50. « *Les actions ou coupons d'actions seront nominatifs même après leur entière libération.*

Ils ne seront négociables qu'après la constitution définitive de la société.

La négociation ne pourra avoir lieu que par voie de transfert sur les registres de la société, et les statuts pourront donner soit au conseil d'administration, soit à l'assemblée générale le droit de s'opposer au transfert ».

La loi, lorsqu'elle interdit la forme au porteur pour les actions des sociétés coopératives, prétend supprimer toute possibilité de spéculation sur ces titres. Le personnel doit bien être variable, en sorte que les associés puissent se retirer quand ils le veulent, mais il n'est pas nécessaire, bien mieux il serait fâcheux, qu'il s'établît un marché sur les actions.

La forme nominative empêchera dans une certaine mesure la spéculation, mais elle ne permettra pas à la société d'exercer un contrôle quelconque sur le recrutement de ses membres. Or, comme les sociétés coopératives ne valent que par ceux qui les composent, il est fort important que l'on puisse parfois s'opposer à l'admission d'un cessionnaire indigne. Pour cela il faudra, ainsi que le permet l'article 50, accorder au conseil d'administration ou à l'assemblée générale le pouvoir de refuser le transfert. L'exercice de ce droit sera moins grave que celui de la faculté d'exclusion, autorisée par l'article 52.

L'article 50 ne parle que du conseil d'administration et de l'assemblée générale. Est-il limitatif ou énonciatif, et doit-on interdire à une société en commandite par actions d'attribuer le même droit à son gérant?

D'autre part la loi semble ne prévoir que le cas de transfert en suite de négociation. Le même pouvoir peut-il être stipulé au cas de transfert nécessité par la mort du titulaire et s'opérant au profit des continuateurs de sa personne?

MM. Mathieu et Bourguignat (1) estiment que la clause dont il s'agit, apportant une dérogation au principe essentiel de la cessibilité des actions, ne doit être permise que dans les cas expressément prévus par l'article 50. « Toute action industrielle, disent-ils, est en principe éminemment cessible; et en général la cession d'un droit pour être parfaite vis-à-vis du débiteur n'a besoin du consentement que du cédant et du cessionnaire (36 Code de com.; 1689 C. c.) La stipulation qui vient apporter des limites à ces règles ne saurait donc être possible que dans les termes mêmes où la loi l'a permise. »

On peut contester que la cessibilité soit de l'essence de l'action, et la jurisprudence en reconnaissant (2)

(1) Commentaire de la loi sur les sociétés, paragraphe 290.
(2) Arrêt de la Cour de cassation du 1er juin 1859.

16

qu'une société anonyme peut être constituée par intérêt semble implicitement partir d'une idée contraire. La cessibilité est de la nature, mais non de l'essence de l'action ; on peut donc y déroger même en dehors des termes de l'article 5o, qui n'est pas limitatif. Ce système est certainement plus conforme à l'esprit de la loi, car il est difficile de voir pourquoi elle n'accorderait pas au gérant dans la commandite par actions ce qu'elle permet au conseil d'administration dans la société anonyme ; pourquoi surtout elle ne consentirait pas à ce que l'on pût exclure l'héritier indigne, aussi bien que le cessionnaire. La continuation de la personne du défunt importe peu ici, puisque les statuts pourraient autoriser l'exclusion de l'associé lui-même.

La négociation, c'est-à-dire la cession par les voies commerciales, n'est donc possible aux termes de l'article 5o, que par voie de transfert sur les registres de la société. La cession suivant les formes du Code civil demeure-t-elle permise ? A défaut d'un texte précis, que l'on ne peut trouver en l'article 5o, il semble que l'esprit de la loi doit faire adopter la négative. En effet soutenir que, même au cas où les statuts ont autorisé l'assemblée générale à s'opposer au transfert, la cession civile est permise purement et simplement, n'est-ce pas aller contre le but de la loi qui veut accorder à la société un droit de contrôle sur les marchés dont ses actions font l'objet ?

Nous sommes arrivés au terme de l'analyse de la loi de 1867. Avant d'en aborder la critique, il est nécessaire d'étudier les législations étrangères, qui contiennent des dispositions spéciales aux sociétés coopératives. Celles-ci ayant acquis hors de chez nous

un développement très considérable, il n'est pas sans
utilité de rechercher sous quelles lois elles vivent.

Chapitre III

LOIS ÉTRANGÈRES SUR LES SOCIÉTÉS
COOPÉRATIVES

Section I. — Angleterre.

La loi du 7 août 1862, qui contient les dispositions
fondamentales concernant les sociétés coopératives
anglaises, soumet ces dernières aux principales règles
süivantes :

Les statuts, qui peuvent être rédigés sous seing
privé, doivent être présentés au *Registrar general*,
fonctionnaire qui enregistre les sociétés nouvelles,
crée pour ainsi dire leur état civil, et se charge en
outre de fournir chaque année au Parlement un
tableau qui constate l'état des associations existantes.
Moyennant la formalité de l'enregistrement la société
acquiert la personnalité civile.

La loi anglaise, la première en Europe, exigea que
les fondateurs réglassent dans l'acte constitutif un
certain nombre de points limitativement énumérés :
le siège et la raison sociale de la société, son objet,
le nom et le domicile des associés, la cessibilité ou
l'incessibilité des parts, les conditions à observer
pour l'admission ou la démission des membres, le
mode de répartition des bénéfices..... Cette prescription est très sage, et tient compte à la fois de la
liberté nécessaire aux parties et de l'intérêt des tiers.

On ne peut entrer dans le détail de toutes les règles édictées par la loi anglaise : notons cependant que cette dernière a cru bon d'admettre le système de la responsabilité toujours limitée des associés.

Pour éviter que les sociétés coopératives ne deviennent des entreprises de gros capitalistes, nul ne peut avoir une part excédant 200 liv. st.

Une loi du 30 juillet 1874 a créé des dispositions spéciales en faveur d'une espèce particulière de société coopérative, les *Building societies*, dont nous savons le grand développement chez nos voisins; les 44 articles de cette loi font une situation privilégiée aux associations de cette nature (1).

SECTION II. — *Allemagne.*

La loi prussienne sur les associations, on devrait plutôt dire les compagnies coopératives allemandes, fut votée le 27 mars 1867, grâce à l'initiative de M. Schulze Delitzsch. Jusqu'à ce jour les sociétés coopératives ne jouissaient pas en Prusse de la personnalité civile et ne pouvaient, par suite, ni posséder, ni acquérir, ni ester en justice. On devait faire cesser cet état de choses et la loi nouvelle leur accorda la capacité juridique moyennant l'observation de certaines conditions. La loi prussienne du 27 mars 1867 fut transformée en une loi fédérale du 4 juillet 1868, copie un peu amplifiée de la précédente.

La loi allemande suit le système adopté par la majorité des nations européennes, c'est-à-dire qu'elle fait de la société coopérative une forme spéciale, avec

(1) *Annuaire de législation étrangère*, 1875, p. 16.

ses règles propres, et réservée à une catégorie particulière d'entreprises. L'article 1er est, en effet, conçu à
peu près en ces termes : Les associations, ayant un
nombre de membres variable et tendant à favoriser le
crédit, les acquisitions ou la bonne économie domestique de leurs membres, au moyen d'affaires faites au
nom commun, notamment...... (puis vient une énumération)... seront soumises aux dispositions qui
suivent. L'énumération que contient cet article a été
expressément déclarée non limitative ; en effet, au
cours de la discussion on avait fait remarquer, comme
cela a eu lieu chez nous, que l'on ne pouvait pas prévoir les formes que prendrait la coopération dans
l'avenir. Nous reviendrons sur le vice d'une loi qui
édicte des dispositions spéciales, et, en même temps,
ne peut pas préciser les objets auxquels ces règles
s'appliquent.

Pour acquérir la personnalité civile, il faut que la
société remplisse certaines conditions : 1° qu'elle ré-
dige ses statuts par écrit ; un acte public n'est pas
nécessaire ; 2° qu'elle règle, librement d'ailleurs,
douze points sur lesquels la loi attire impérativement
son attention, entre autres le siège et la raison sociale
de la société, son objet, sa durée, le taux des actions,
leur transmissibilité, les conditions de l'admission et
du retrait des membres, les procédés à employer pour
établir le bilan et répartir les bénéfices, etc... ;
3° qu'elle observe certaines règles de publicité, initiales
et permanentes. Ces dernières, fort utiles, ont pour
but de faire connaître au public les variations dans le
personnel et le capital de la société : tous les trois mois
on dresse un rapport qui mentionne les admissions et
les retraites ; ce rapport est remis au tribunal ainsi
qu'une liste annuelle plus détaillée.

La liberté généralement laissée aux statuts pour tout ce qui concerne l'organisation de la société est cependant restreinte en quelques points : ainsi il faut choisir le ou les administrateurs parmi les associés. La loi allemande a, d'ailleurs, réglé avec un assez grand luxe de détails tout ce qui regarde l'administration.

L'un des buts principaux de cette loi a été d'établir quelle serait la responsabilité des associés vis-à-vis des tiers.

Elle impose la solidarité, mais en atténuant ses effets. On se rappelle que ce principe de solidarité avait été la base du système édifié par Schulze Delitzsch et avait servi merveilleusement les intérêts de la coopération. Mais en 1867 beaucoup de sociétés de crédit allemandes tendaient à devenir ce qu'elles sont aujourd'hui, c'est-à-dire des entreprises de gros capitaux où l'on considérait de moins en moins la valeur personnelle des associés, et où les tiers trouvaient dans le capital social des garanties suffisantes pour ne pas exiger l'engagement solidaire des membres. Aussi, tout en conservant dans la loi nouvelle ce principe fécond, on en réglait l'application de façon à le rendre moins rigoureux.

L'article 12 le posait en ces termes : « Au cas où « l'actif social ne suffit pas à payer les créanciers de « l'association, les associés répondent du surplus soli- « dairement sur toute leur fortune et sans pouvoir « invoquer le bénéfice de division. » Tel est le principe, voici son tempérament : « Cette responsabilité « solidaire ne peut être invoquée par les créanciers, « que si, en cas de faillite, les conditions de l'art. 51 « sont remplies, ou si la déclaration de faillite ne « peut avoir lieu. »

Ces textes combinés avec les articles 51 et suivants donnent en somme à l'associé la situation d'une caution de la société ; il ne peut être poursuivi et condamné que si la société ne peut pas acquitter ses dettes. De plus, la loi de 1868 rend nécessaire, non seulement que la faillite soit déclarée ou la liquidation commencée, mais que la première soit close et la seconde achevée. Enfin les articles 52 à 59 organisent toute une procédure tendant à désintéresser les créanciers sans qu'ils aient à exercer leur action solidaire, ce qui obligerait à des recours multiples. Lorsque la procédure de faillite ou de liquidation est assez avancée pour que l'on juge ce qui demeurera impayé après épuisement de l'actif social, on dresse un état de la part que devra acquitter chaque associé sur sa fortune propre ; cet état est rendu exécutoire, on en poursuit le recouvrement, et le jour où les créanciers veulent agir solidairement contre les associés, on leur paie ce qui leur est dû.

Après cette rapide étude, ne peut-on pas à bon droit prétendre que l'on exagère le caractère restrictif et rigoureux de la loi allemande. En effet, si elle impose aux associés un engagement solidaire vis-à-vis des tiers, ne laisse-t-elle pas pleine liberté à la convention dans presque tous les cas, ne va-t-elle pas jusqu'à permettre la forme d'actions au porteur ?

La loi du 4 juillet 1868 a été étendue le 23 juin 1873 à la *Bavière ;* celle-ci était alors régie par une loi de 1869 empruntée en grande partie d'ailleurs à la législation allemande. Cependant en Bavière on admettait que l'on dérogeât dans les statuts à la règle de la responsabilité illimitée.

Une loi du 19 mai 1871 est venue modifier l'article 1er

de celle du 4 juillet 1868 par la disposition suivante :
« Les associations auxquelles s'applique la loi de 1868
« ne perdront pas leur caractère de sociétés coopéra-
« tives, dans le sens qu'indique cette loi, par ce seul
« fait que leurs statuts leur permettraient d'étendre
« leurs opérations à d'autres qu'à leurs membres.

Il faut enfin mentionner les efforts patients de
M. Schulze Delitzsch pour faire modifier certains points
qne l'on avait négligés en 1868.

C'est en janvier 1876 qu'il commença cette cam-
pagne qu'il devait poursuivre jusqu'à sa mort. Voici
quel en était le motif : Un assez grand nombre de sociétés coopératives de crédit s'étaient fondées en
Westphalie, dans la Prusse rhénane et la Hesse, qui
constituaient tout leur capital en empruntant au public
sous la garantie solidaire des associés ; il n'était fait
aucun apport par les membres de la société. Vainement avait-on contesté la légalité de ces procédés ; la
jurisprudence avait reconnu que la loi de 1868 les
permettait.

M. Schulze Delizsch proposa donc en 1876, puis en
1877, un projet de loi qui exigeait, pour que la société
eût une existence légale, la formation de parts (an-
theile) nécessitant un apport immédiat de ceux qui les
souscrivaient. Ces parts variaient de quotité suivant
la nature de la société, et elles étaient acquittées par
des versements successifs assez minimes. Aucun bénéfice ne devait être distribué jusqu'à ce que l'apport
intégral fût effectué.

Une autre réforme assez importante consistait en
ceci : obligation imposée aux administrateurs de provoquer la déclaration de faillite de la société dans le
cas où l'actif serait inférieur au passif. En ce cas, un

délai de quinze jours était laissé aux associés pour combler le déficit.

Ces divers projets, favorablement accueillis d'ailleurs, ne furent jamais votés, soit parce que la clôture de la session en empêcha l'étude, soit parce que l'on décida que les réformes proposées trouveraient place dans une refonte générale de la loi sur les sociétés commerciales, dont le gouvernement devait prendre l'initiative.

M. Schulze Delitzsch est mort, sans avoir vu le succès de ses constants efforts.

Section III. — *Autriche.*

La loi autrichienne du 9 avril 1873 nous retiendra beaucoup moins longtemps, car elle reproduit en grande partie la loi allemande. Elle s'en distingue cependant en un point capital : elle n'impose pas la solidarité et organise un système très particulier au cas où les statuts ne la stipulent pas.

Elle contient 95 articles qui se rangent sous cinq titres. Dans le premier se trouvent les règles communes aux sociétés à responsabilité limitée et illimitée. Il faut signaler, entre autres, la nécessité pour l'acte constitutif de statuer sur treize points déterminés. Parmi les règles de publicité obligatoires, on remarque celle de l'article 14, d'après lequel il doit exister, au siège de la société et dans chacune de ses succursales, un registre qui est communiqué à tout requérant; il lui apprend le nom des associés, la date de leur entrée, le nombre des parts qui leur appartiennent, le montant des retraits par eux effectués.

Le titre II renferme les dispositions spéciales aux

associations à responsabilité illimitée. C'est la repro-
duction presque textuelle de la loi allemande; il donne
aux associés solidairement engagés la condition de
cautions vis-à-vis de la société (art. 60). Il adopte toute
la procédure ayant pour but de désintéresser les
créanciers, avant qu'ils n'exercent leur recours contre
les membres de la société, au cas où celle-ci est au-
dessous de ses affaires.

Dans son titre III, la loi se montre véritablement
originale. Se plaçant dans le cas où les statuts ont
admis la responsabilité limitée, elle édicte (art. 76)
que, s'il y a liquidation ou faillite de la société, l'associé répond des dettes jusqu'à concurrence de sa part
et d'une somme égale au montant de cette part. C'est
là un système mixte qui n'est pas des plus heureux.

La responsabilité de celui qui cesse de faire partie
de la société se prescrit par un an; la loi allemande
établissait un délai de deux années.

Les titres IV et V contiennent des dispositions pénales pour le cas de contravention à certaines règles
de la loi; ils donnent à l'autorité administrative le
droit de dissoudre l'association lorsqu'elle a pour
objet des entreprises qui ne rentrent pas dans les
termes de l'article premier.

Une loi du 21 mai 1873 fait aux sociétés coopératives une situation de faveur en ce qui concerne les
droits de timbre et quelques autres impositions.

Section IV. — *Hongrie.*

Le Code hongrois, dans ses dispositions spéciales
aux sociétés coopératives, se rapproche de la loi autrichienne plutôt que de la loi allemande. Il admet, en

effet, des sociétés coopératives à responsabilité limitée, mais il n'exige pas que les associés soient tenus jusqu'à concurrence du double de leur part sociale ; en cela il diffère donc de la législation autrichienne.

Section V. — *Belgique.*

Il faut s'arrêter davantage à la loi belge, qui compte parmi les plus sages ; les réformes, que nous voudrions voir introduire chez nous, lui sont, pour la plupart, empruntées.

Les dispositions relatives aux sociétés coopératives sont contenues dans un titre spécial de la loi du 18 mai 1873 sur les sociétés. Il comprend 23 articles (85-107).

Cette loi fait de la société coopérative un type nouveau, qui vient prendre place à côté de la société en nom collectif, en commandite, etc... Nous dirons plus tard pourquoi, dans ces conditions, la dénomination de *société coopérative* nous paraît très mal choisie, et pourquoi nous la remplacerions par celle de *société à capital variable.*

L'article 85 définit les caractères distinctifs de la nouvelle forme de société : « La société coopérative, « dit-il, est celle qui se compose d'associés dont le « nombre ou les apports sont variables et dont les « parts sont incessibles à des tiers. » Il résulte de là qu'une société, pour être soumise aux dispositions contenues dans les articles 85 et suivants, doit présenter trois caractères principaux : variabilité dans le nombre des associés, dans le capital, et incessibilité des parts aux tiers.

D'un autre côté l'on n'exige pas que, pour adopter cette

forme, une association poursuive une fin économique
déterminée ; et semblable en ceci à la loi française, la
législation belge édicte des règles de droit commun.

Il est à remarquer que l'article 2 de la loi de 1873
range la société coopérative parmi les *sociétés commerciales*, et les travaux préparatoires confirment
qu'une entreprise ne peut jouir des privilèges établis
en faveur des associations coopératives que si elle
fait des actes de commerce. D'ailleurs, dans l'esprit
du législateur belge, cela n'exclut aucune des sociétés
de consommation, de production ou de crédit, car
pour lui elles présentent toutes le caractère commercial nécessaire.

Semblable aux lois dont nous avons parlé précédemment, celle qui nous occupe détermine un certain
nombre de points sur lesquels les statuts doivent se
prononcer ; pour quatre d'entre eux, la sanction est
la nullité ; dans les autres cas, si les statuts sont
muets, la loi donne la solution, d'une façon qui n'est
toujours pas très heureuse. C'est ainsi que l'article
89 5° décide que dans le silence de l'acte constitutif,
« les bénéfices et les pertes se partagent chaque
« année pour moitié par parts égales entre les asso-
« ciés, et pour moitié en raison de leur mise ». Cette
attribution de moitié à tous les associés indistinctement n'est point équitable et ne devrait pas être sous-
entendue.

L'article suivant rend nécessaire la tenue d'un registre qui peut faire connaître à chacun la situation
du personnel et du capital social.

Parmi les dispositions relatives aux changements
dans le personnel et dans le fonds social, il faut remarquer celle d'après laquelle l'associé qui veut se

retirer doit donner sa démission dans les six premiers mois de l'année. Cela restreint trop la variabilité du personnel. Il faut aussi noter la règle de l'article 96, qui détermine les droits du démissionnaire vis-à-vis de la société d'après le dernier bilan ; enfin les dispositions de l'article 99 relatives au titre ou carnet nominatif, représentant la part de l'associé, et qui est exempté des droits de timbre et d'enregistrement.

Les derniers articles prescrivent certaines mesures dans l'intérêt des tiers.

Une loi du 2 juillet 1875 est venue accorder quelques privilèges aux sociétés coopératives en matière d'impôts.

Section VI. — *Hollande.*

La loi hollandaise du 17 novembre 1876 ne peut pas être prise comme modèle ; elle est en effet assez mal rédigée. Elle accorde aux sociétés coopératives la personnalité civile, qui leur était auparavant sinon refusée du moins contestée.

La définition qu'elle donne de la société coopérative est très défectueuse ; le but économique qu'elle poursuit est fort mal caractérisé.

Les statuts doivent, ici encore, régler, sous peine de nullité, certains points spéciaux.

On peut signaler comme l'une des seules dispositions originales, plutôt qu'heureuses d'ailleurs, de cette loi, celle de l'article 19 relative à la responsabilité des associés vis-à-vis des tiers : « Lorsqu'en cas « de liquidation judiciaire ou extrajudiciaire l'actif « de la société se trouve insuffisant pour remplir ses « engagements, ceux qui au moment de sa dissolu-

« tion étaient membres de la société, ou qui se sont
« retirés dans le courant de l'année précédant la
« dissolution, seront tenus de suppléer au déficit et ce
« par parts égales, à moins de stipulations contraires
« dans les statuts. Ils resteront en même temps con-
« jointement cautions du paiement de la part de
« chacun dans la répartition. »

Une loi du 7 mai 1878 est venue exempter les
sociétés coopératives d'un certain droit d'enregistrement dont sont frappées les sociétés hollandai-
ses à l'occasion du dépôt de leurs comptes annuels
au greffe de la justice cantonale, ainsi que le veut une
loi du 22 frimaire an VII encore en vigueur dans ce
pays.

SECTION VII. — *Portugal.*

La loi du 2 juillet 1867, semblable à celles de la
majorité des autres nations européennes, fait de la
société coopérative une forme spéciale de société.

Elle laisse une très grande liberté aux statuts,
n'exige pas qu'ils se prononcent sur certaines questions déterminées, admet toute espèce de responsabilité des associés vis-à-vis des tiers, etc...

On peut la critiquer lorsqu'elle permet aux statuts
de limiter la responsabilité des membres nouvellement admis aux seules obligations contractées après
leur entrée dans l'association.

SECTION VIII. — *Italie.*

Le Code de commerce italien de 1883 suit le système français, et n'admet pas la société coopérative

comme un type particulier de société. Elle est
soumise avant tout aux règles des sociétés en nom
collectif, anonyme, etc... puis en outre à quelques
dispositions spéciales qui lui font une situation privilégiée.

Ce système, contraire à celui qu'établissait le
projet précédemment présenté au Sénat par le minis-
tère, a été admis comme laissant une plus grande
facilité aux associations pour adopter le mode de
constitution qui leur est convenable.

La loi italienne exige que la société soit constituée
par acte public ; qu'elle règle dans ses statuts certains points expressément déterminés ; qu'elle observe
des conditions de publicité empruntées à la société
anonyme. C'est encore de celle-ci que la société
coopérative se rapproche le plus, pour tout ce qui
concerne les formalités nécessaires en cas de modification des statuts, les devoirs et la responsabilité des
administrateurs, la manière dont le bilan doit être
constitué, la liquidation, etc...

Les règles restrictives sont assez rares : les actions,
toujours nominatives, mais librement cessibles sauf
dans le cas où les statuts accordent à l'assemblée
générale ou au conseil d'administration le droit
d'opposition au transfert, sont d'un taux maximum de
100 fr. Cette disposition a été dictée par la
crainte de voir les sociétés de gros capitaux se mas-
quer sous la forme coopérative. Si le péril est réel,
le moyen est il bien propre à l'écarter ?

Un associé ne peut pas avoir dans l'entreprise une
part supérieure à 5,000 fr.

Enfin quelques restrictions sont apportées à la liberté
de représentation dans les assemblées générales.

Section IX. — *États-Unis*.

Pour en finir avec cette étude déjà trop longue des législations étrangères, il faut citer quelques lois édictées dans les Etats de l'Union américaine, pour favoriser le développement des sociétés coopératives. En particulier dans l'Etat de New-York, celle du 29 mars 1878, qui, s'inspirant des législations européennes, exige que les statuts déterminent la durée de la société (25 ans au plus), la constitution du pouvoir chargé d'administrer, le montant du capital (1,000 dollards au moins), etc... Notons enfin une loi du 15 mai 1879 spéciale aux sociétés coopératives d'assurance agricole.

Chapitre IV

ÉTUDE CRITIQUE DU TITRE III DE LA LOI DE 1867

Cette étude des législations étrangères était indispensable avant d'aborder la critique du titre III de la loi de 1867. L'œuvre accomplie par le législateur français à cette époque n'a pas été inutile, et si les sociétés coopératives ont parfois éprouvé quelque gêne des mesures restrictives qu'il a jugées nécessaires, leur situation est meilleure que sous l'empire du Code de commerce et des lois de 1856 et 1863. Est-ce à dire qu'il n'y ait rien à faire aujourd'hui pour l'améliorer encore ?

Telles sont à peu près les conclusions du rapport

présenté en 1884 au Sénat, par M. Bozérian, sur le nouveau projet de loi relative aux sociétés commerciales.

Il constate que les associations ouvrières se sont généralement déclarées satisfaites du système législatif actuel, et qu'on peut ainsi l'estimer assez libéral ; il prétend ensuite qu'aucune société autre que celles dont le législateur s'était préoccupé n'a songé à adopter la forme à capital variable, d'où l'on peut déduire que la loi de 1867 sauvegarde suffisamment l'intérêt public.

Répondant à ceux qui voudraient une loi spéciale aux sociétés à capital variable, « donnant une satisfaction plus large aux besoins dont on se préoccupe » et non pas quelques règles jetées au milieu d'une loi générale, le rapporteur dit que « le législateur de 1884 « ne peut pas suivre une ligne de conduite autre que « celui de 1867, et avoir l'air, par un silence qui « pourrait donner lieu à de fâcheuses interprétations, « de se désintéresser de la solution de ces questions, « qui, à notre époque de luttes ardentes entre le capi- « tal et le travail, ont acquis une importance écono- « mique si considérable. »

Cette raison, on l'avouera, n'est pas suffisante pour faire rejeter le principe d'une loi spéciale, car le pouvoir législatif se désintéressera bien moins de ces importantes questions, en accordant tous ses soins à des réformes utiles, qu'en reproduisant presqu'en entier ce qui avait été fait avant lui.

En effet les seules modifications apportées au titre III par le nouveau projet consistent en ceci : Les actions ou *coupures* d'actions pourraient être abaissées jusqu'à 25 fr. En second lieu, on compléterait l'article 52 en règlant les droits de l'associé qui cesse de faire partie de la société vis-à-vis de celle-ci, d'après les données du dernier bilan, c'est-à-dire en lui remboursant sa mise augmentée ou diminuée suivant la situation constatée au dernier inventaire. Enfin ce même associé demeurerait responsable vis-à-vis des tiers pendant deux ans au lieu de cinq.

Telles sont les réformes projetées. Sont-elles suffisantes ? Ou bien est-il opportun de ne pas se borner à quelques modifications de détail, et d'édifier un système nouveau sur des bases différentes ?

On se rappelle qu'en 1867 le législateur veut :

1º Créer sous le nom de société à capital variable une modalité des formes de sociétés civile et commerciales ;

2º Permettre que cette modalité soit adoptée par toute association, quels que soient les membres qui la composent, quel que soit le but économique qu'elle poursuit.

Nous croyons qu'on a bien fait d'accorder le bénéfice des dispositions nouvellement établies à tous ceux qui désiraient en profiter. Nous croyons dès lors qu'on ne pouvait plus maintenir la rubrique de : loi sur les *sociétés coopératives,* et que la dénomination empruntée à la variabilité du capital était mieux choisie. Mais il nous semble que sous ce nom il eût été préférable de créer non pas une modalité des sociétés existantes, mais une forme nouvelle.

Telles sont les trois propositions que nous voulons défendre.

1ᵉʳ point. — *Est-il bon d'écrire dans la loi des dispositions spéciales aux sociétés dites coopératives ?*

C'est ce qu'avait tout d'abord estimé le législateur de 1867, et on ne saurait mieux faire pour défendre

le système contraire que de rappeler les raisons qui le
firent adopter il y a vingt ans.

D'une part, on s'en souvient, les ouvriers s'étaient
élevés vivement contre toute loi spéciale, et ce fut
pour satisfaire dans une certaine mesure à leur désirs
que l'on modifia le projet primitif. Mais il y avait
une bien meilleure raison : pour faire une loi spéciale aux sociétés coopératives, il fallait déterminer
ce que l'on entendait par ce terme. Les deux premiers projets se contentèrent d'énumérer les diverses
espèces d'entreprises connues sous le nom de sociétés
coopératives, mais on s'aperçut bientôt qu'une nomenclature, quelque détaillée qu'elle fût, serait toujours incomplète ; on pensa que la coopération prendrait le lendemain des formes inconnues le jour
même, et qu'à moins de déclarer l'énumération non
limitative, ce qui la rendrait inutile, on exclurait du
bénéfice de la loi des sociétés qui auraient tous droits
à en profiter.

Fallait-il donc chercher une définition qui convînt
à toutes les manifestations présentes et futures de
l'idée coopérative ? C'était inutile, car elle eût été impossible à trouver. C'est ce que disait très bien
M. Flotard devant la Commission d'enquête en 1866 :
« Ici il n'y a point de système ; il ne s'agit rien moins
« que d'un mouvement de l'esprit humain, pouvant
« arriver à des résultats tout à fait imprévus..... Il
« y a une expérimentation continue. On s'entête si
« peu dans un système que, quand une société ne
« réussit pas dans une direction, elle en change et se
« tourne de l'autre côté. Point de parti pris, point de
« doctrine arrêtée. Plus j'y réfléchis, plus je trouve
« impossible de définir un mouvement. »

On fit donc, suivant les termes mêmes du rapport, une loi de droit commun, c'est-à-dire dont tous les citoyens indistinctement pussent se servir. Ce système nous paraît bon.

Mais, pourra-t-on encore dire aujourd'hui, puisque les règles dont il s'agit sont destinées à favoriser le développement des sociétés connues jusqu'à ce jour sous le nom de sociétés coopératives, puisqu'elles doivent leur accorder certaines dispenses de publicité ordinairement nécessaires et déroger en leur faveur aux règles essentielles de la loi commerciale, ne va-t-on pas occasionner un bouleversement complet dans la législation, si l'on autorise toute société à bénéficier des mesures nouvelles ?

Il est un moyen bien simple pour prévenir un pareil danger : c'est de rendre inabordables aux sociétés qui ne présenteront pas dans la suite un certain caractère d'analogie avec les sociétés coopératives existantes, les faveurs exceptionnellement concédées. Et ce n'est pas très difficile. Le titre III de la loi de 1867 y arrive sans peine, et nous croyons, comme l'affirmait M. Bozérian dans le rapport qu'il présentait au Sénat, que bien rarement, sous l'empire des règles qu'il édicte, une société de gros capitaux a pu prendre la forme à capital variable pour échapper aux prescriptions de la loi commerciale. Le but poursuivi aurait été encore plus aisément atteint, si le législateur avait créé un type nouveau de société, nettement caractérisé, dont les actions auraient été incessibles, par exemple. Est-ce qu'une pareille forme aurait pu être adoptée par une entreprise ordinaire ou par une compagnie de spéculateurs ?

Enfin, ajoutons que même dans le cas où certaines

sociétés tenteraient de profiter des faveurs établies dans un but malhonnête, la défiance du public serait excitée par l'adoption d'une forme légale impropre.

Il est à peine besoin de dire que la loi applicable à tous ne doit être obligatoire pour personne. Les sociétés dites coopératives sont libres comme toutes autres de rester sous l'empire du droit commun.

2° point. — *Si l'on fait une loi générale, il faut lui trouver un autre titre que celui de « Loi sur les sociétés coopératives »*.

On a beaucoup critiqué la rubrique du titre III de la loi de 1867, et cette dénomination de *Sociétés à capital variable* (1). Elle ne donne pas, dit-on, une idée nette de l'espèce de société pour laquelle la loi est faite, et l'on aurait dû conserver le nom de *Sociétés coopératives* adopté par le premier projet et reproduit par les législations étrangères. Ces critiques ne nous paraissent pas fondées ; et, soit dans le système adopté en 1867, qui crée une modalité des sociétés existantes, soit dans celui que nous préférerions et qui établirait un type nouveau, le terme de société à capital variable nous semble parfaitement choisi.

Pour s'en tenir à ce qui a été fait en 1867, on devait supprimer le nom de société coopérative déjà défectueux pour désigner le but économique poursuivi par les entreprises de ce nom, et qui l'eût été bien davantage encore, comme rubrique du titre III, puisque ce dernier n'était pas spécial aux associations dites coopératives.

Une loi seule pourrait à bon droit s'appeler : « Loi

---

(1) Vavasseur, brochure sur la loi belge de 1873 comparée à la loi française de 1867.

sur les sociétés coopératives », ce serait celle qui trouverait une définition répondant à toutes les formes actuelles et futures de l'idée coopérative, ou mieux encore qui écrirait dans son article premier : les sociétés coopératives sont telles et telles. Mais si elle renonce à trouver une définition exacte, ou à donner une énumération limitative, elle doit s'intituler autrement.

C'est ainsi que la loi allemande sur les *Genossenschaften* ne nous paraît pas claire lorsque, dans son article premier, elle s'efforce de définir les associations auxquelles elle s'applique. Elle les désigne d'abord par l'un de leurs caractères principaux, la variabilité du capital, puis par l'indication du but économique qu'elles poursuivent ; enfin elle en donne une énumération que l'on déclare n'être pas limitative. Nous demandons si, après cela, on a une idée précise de ce que c'est que la *Genossenschaft* allemande, des signes distinctifs auxquels on peut la reconnaître, et qui permettront à certaines sociétés de trouver place, dans l'avenir, à côté de celles que l'on connaît et que l'on énumère aujourd'hui.

Bien plus choquant encore est l'article 85 de la loi belge, que nous rappellons : « La société coopérative est celle qui se compose d'associés dont le nombre ou les apports sont variables, et dont les parts sont incessibles à des tiers. »

Ainsi, une société va devenir société coopérative, et sera soumise aux prescriptions édictées pour ces dernières, parce que son capital et son personnel seront variables et ses parts incessibles ! Singulière dénomination qui ne va pas contribuer à rendre plus claire le mot de coopération, dont le sens, au point de vue économique, offre déjà quelque incertitude !

Que dire encore de la loi hollandaise qui, sous la dénomination de « sociétés coopératives, entend les « associations de personnes qui permettent l'admis- « sion et la démission de leurs membres, et qui ont « pour but d'assurer des bénéfices à leurs associés, « comme par exemple... » Puis suit une énumération de quelques-unes des formes connues.

Si nous insistons comme à plaisir sur cette question, que l'on trouvera peut-être sans intérêt, parce qu'elle semble porter sur des mots, c'est qu'elle est étroite- ment liée à la précédente et à la suivante. Si l'on con- sent à faire une loi générale, et à créer un type nou- veau de société accessible à tous, on le désignera simplement d'un nom emprunté à son caractère dis- tinctif. On avait songé, en 1867, à la variabilité du capital, et il semble qu'aujourd'hui encore on ne sau- rait trouver beaucoup mieux.

3e point. — *Faut-il créer, sous le nom de société à capital variable, une forme nouvelle de société ou une simple modalité de celles qui existent ?*

Ici encore il faut rechercher les raisons qui ont dé- cidé le législateur de 1867 à prendre le second de ces deux partis.

Les travaux préparatoires ne peuvent guère ren- seigner sur ce point, car nous ne croyons pas qu'il ait été question, lors de la confection de la loi, du sys- tème que nous estimons préférable.

Il semble qu'on ait voulu, en 1867, donner une nouvelle satisfaction aux désirs exprimés devant la commission d'enquête, en 1866, et ne pas soumettre les associations coopératives à une loi d'exception. Le législateur a pensé que créer un type nouveau de so- ciété qui, en fait, sinon en droit, serait réservé aux classes ouvrières, c'était faire à ces dernières une situation à part, tandis qu'une association, qui serait avant tout constituée en nom collectif, en commandite, etc., et subsidiairement à capital variable, demeurerait dans le droit commun.

Le législateur a peut-être aussi craint de faire une loi trop restrictive, ou du moins qui parût telle, en suivant un système différent de celui qu'il a choisi. Son but était d'accorder les facilités que réclamaient les sociétés coopératives, d'établir en même temps un certain nombre de garanties nécessaires à l'ordre public, mais toujours en laissant la plus grande liberté possible aux conventions. A-t-il donc redouté d'être entraîné à une réglementation minutieuse et gênante en faisant de toutes pièces un type nouveau de société? C'est possible, mais il est facile, croyonsnous, de laisser, même en procédant ainsi, une liberté presque complète aux parties et de sauvegarder les intérêts des tiers. C'est ainsi que beaucoup de législations étrangères exigent que les statuts règlent un certain nombre de points déterminés, tout en leur laissant plein pouvoir de le faire à leur gré.

Quelles que soient les raisons qui ont fait prévaloir le système suivi en 1867, il en est de meilleures, il semble, pour en adopter un autre.

Toutes les fois qu'une association coopérative prend l'une des formes de sociétés existantes, et y adjoint la clause de variabilité, elle se donne une constitution sans caractère nettement défini, elle aboutit à une création bâtarde. C'est ainsi que l'on aura des sociétés en nom collectif dont les membres peuvent se retirer, mourir, être interdits ou mis en faillite sans que cela fasse rien à l'existence de la société, d'autres constituées sous forme anonyme dont les actions seront à peu près incessibles à des tiers, et ainsi pour toutes.

Nous ne voulons pour preuve de la confusion où cela jette les esprits, que celle qui règne dans les travaux préparatoires de la loi actuelle : il n'est presque pas un seul de ses articles, à propos duquel on ne se soit pas demandé s'il était ou non applicable à telle ou telle forme de société, tant la disposition qu'il contenait semblait incompatible avec l'essence même de cette société. Nous renvoyons pour plus complète édification sur ce point au compte rendu des séances des 8 et 9 juin 1867, alors que le rapporteur était obligé à deux reprises d'expliquer à ses collègues absolument déroutés le sens et la portée de la loi qu'ils étaient appelés à voter.

Mais qu'importent, dira-t-on, ces incertitudes anciennes, si les associations actuelles se déclarent satisfaites de la loi qu'on leur a donnée, si elles ne se plaignent pas de difficultés survenues à son occasion ? Or, les sociétés coopératives qui sont venues déposer devant la Commission d'enquête se sont bornées à quelques réclamations secondaires.

Nous observerons que ce ne sont pas les trente ou quarante associations parisiennes appelées en ce cas, qui peuvent être considérées comme représentant la France entière. En outre, l'attention de leurs délégués se portait presque uniquement sur la question économique ; ils venaient pleins d'une idée, et d'une seule, qui était d'avoir leur part des faveurs promises, de prouver à la Commission qu'il leur fallait du travail, et que le devoir du gouvernement était de leur en donner. Puis, lorsqu'on demandait à ces représentants de sociétés, nées souvent de la veille, si elles avaient eu à souffrir de la législation existante, ils ne faisaient pas de difficulté pour reconnaître que la loi était parfaite, ou que peu s'en fallait. En un mot, l'enquête de 1883 n'a pas été concluante au point de vue juridique, et elle n'a pas donné une idée exacte des difficultés, d'ordre intérieur tout au moins, que peut faire naître le système actuel.

Et puis, il faut bien l'ajouter, les sociétés coopératives françaises sont, pour la plupart, constituées d'une façon quelque peu rudimentaire, leurs opérations sont restreintes. Les sociétés parisiennes, de production principalement, sont ou bien de vieilles entreprises, en nom collectif, souvent à capital fixe, des sociétés de petits patrons, ou bien des associations de création très récente, qui n'ont pas pu reconnaître les vices d'une loi qu'elles viennent d'adopter. En province, les associations de consommation, seules importantes, ont un fonctionnement très simple en général, leur conseil de famille tranche à l'amiable les différends qui s'élèvent entre associés, et ceux qui surgissent avec les tiers sont rares, à cause du peu d'extension des affaires. Or, cet état de choses peut changer, et sans être de ceux qui croient à un splendide essor du mouvement coopératif dans un avenir très prochain, il nous semble que, puisque l'on entreprend la réforme de notre loi sur les sociétés, l'occasion est bonne pour en faire disparaître, nous ne dirons pas un vice, mais une tache.

Les sociétés coopératives d'avant 1867 se sont accommodées d'une législation détestable ; celles qui vivent aujourd'hui sous l'empire d'une loi un peu meilleure seraient mal venues à se plaindre davantage ; aussi gardent-elles un silence fait de résignation plutôt que de contentement. Mais est-ce une raison pour négliger une réforme facile, sans danger, utile aujourd'hui, nécessaire peut-être demain ? Le sort de la coopération ne dépend pas, on doit le reconnaître, de l'adoption d'un nouveau régime, ou de son rejet. Mais est-il besoin que de si graves intérêts soient en suspens pour décider le législateur à éclaircir l'un des points les plus obscurs de notre législation ?

Nous n'aurons pas besoin d'entrer dans de longs détails sur la réforme que nous voudrions lui voir entreprendre. Nous en avons, chemin faisant, indiqué les lignes principales et il va sans dire que celles-là seulement peuvent être tracées ici.

La société à capital variable, forme nouvelle de société, accessible à tous, devrait se signaler par un ou plusieurs traits caractéristiques, indépendants même de la variabilité du capital. La loi belge, en exigeant que les parts soient incessibles à des tiers, nous donne un exemple bon à suivre.

Mais, dira-t-on, établir l'incessibilité presque absolue des parts dans une société dont le personnel doit être essentiellement variable, mobile, n'est-ce pas la dénaturer ? Le droit accordé par les statuts à l'assemblée générale ou au conseil d'administration de s'opposer au transfert des actions est une sage limite qu'il ne faut pas dépasser, dans l'intérêt même de l'association : car un de ses membres, désireux de se retirer, cherchera et trouvera plus facilement que la société quelqu'un qui le remplace ; il y sera engagé par l'espoir de se faire payer sa part un prix plus élevé que la somme à laquelle il aurait droit en donnant sa démission ; et ainsi le recrutement de la société sera facilité.

Ces objections n'ont pas un grand poids, car la société prospère trouvera toujours à remplacer le membre qu'elle perd. Il est, en somme, beaucoup plus simple de substituer au droit de céder sa part, moyennant approbation de l'assemblée des actionnaires, le droit pur et simple de donner sa démission. Cela coupera court à toute tentative de spéculation du fait des associés. Ils hésiteront davantage avant de se retirer, car ils sauront qu'ils n'ont droit qu'à leurs apports augmentés ou diminués des bénéfices ou des pertes, et qu'ils ne peuvent prétendre à aucune part dans le fonds de réserve. Ce n'est pas là un inconvénient dans une société de personnes bien plutôt que de capitaux, dont le bon fonctionnement sera ainsi assuré.

L'incessibilité aura l'immense avantage d'empêcher toute entreprise de spéculateurs de prendre la forme à capital variable, pour profiter des privilèges qui y sont attachés.

L'incessibilité ayant pour but principal de rendre impossible l'introduction dans la société d'individus indignes, il n'est aucune raison pour interdire la cession entre associés.

Notre société se distinguerait donc par la variabilité du capital et du personnel, points sur lesquels il est inutile de revenir, et par l'incessibilité des parts.

La société à capital variable serait une société commerciale, mais il nous semblerait utile de permettre à une entreprise, dont les opérations seraient civiles, de se constituer dans la forme établie et sous les conditions prescrites par la nouvelle loi. C'est presque en ces termes qu'avait été présenté un amendement à l'article 85 de la loi belge. Il fut rejeté non pas dans le but d'exclure de l'application des articles 85 et suivants les sociètés de consommation ou de crédit qui ne vendent ou ne prêtent qu'à leurs membres, mais parce qu'on les estimait commerciales. Nous savons les doutes sérieux qui peuvent s'élever sur ce point et une disposition formelle de la loi couperait court à toute difficulté.

Dans le choix des dispositions que le législateur aurait le devoir d'édicter, il lui faudrait concilier l'intérêt des tiers avec la grande liberté qu'il est nécessaire de laisser aux conventions. C'est ainsi qu'il ferait bien, à l'exemple de presque toutes les lois étrangères, de forcer les statuts à s'expliquer sur certains points spéciaux, tels que le siège et la raison sociale, l'objet de la société, le minimum au-dessous duquel le capital ne pourra être réduit, les conditions à observer par l'associé pour faire accepter sa démission ou opérer des reprises d'apports, les règles suivant lesquelles seront répartis les bénéfices et pertes, etc... Il n'y a pas dans cette prescription une contrainte trop rigoureuse, car est-il rien de plus simple, de plus utile au crédit même de la société que de résoudre toutes ces questions capitales, sur l'importance desquelles la loi attire l'attention des fondateurs parfois inexpérimentés des sociétés coopératives ?

Il faudrait encore rendre obligatoire l'observation de certaines règles de publicité permanentes ; les formalités requises devraient n'occasionner que peu de frais à la société, et fournir aux tiers les renseignements qu'ils désirent, sans qu'ils aient à se transporter au greffe d'un tribunal ou à parcourir les annonces d'un journal. Ainsi un registre ou mieux encore un tableau affiché au siège social, et qui constaterait les modifications survenues pendant le dernier mois, trimestre ou semestre dans la composition du personnel ou du capital serait fort utile.

Nous disions, au début de cette étude juridique, que l'une des questions les plus délicates pour les sociétés coopératives, était celle de la responsabilité des associés vis-à-vis des tiers. Certains auteurs ont exprimé le vœu que l'on pût établir ce qu'ils appellent la *mutualité contributive*, ou l'obligation personnelle proportionnelle aux mises, mais non solidaire. Imposer aux sociétés à capital variable un pareil système ne nous paraîtrait pas meilleur qu'édicter la solidarité obligatoire, ainsi que cela a été fait en Allemagne. Il serait donc préférable de laisser les statuts libres de régler la question comme ils l'entendraient.

Il faut toutefois prévoir l'hypothèse où l'acte constitutif de la société aurait négligé de régler ce point important. Dans ce cas les associés devraient être considérés comme solidairement responsables des dettes sociales ; une semblable obligation cesse d'être redoutable et doit être présumée conforme à l'intention des parties, du moment où celles-ci ont le pouvoir de l'écarter.

Les statuts devraient déterminer exactement le nombre des mandataires chargés d'administrer la société, l'étendue et la durée de leurs pouvoirs. Ce sont là des points sur lesquels il faudrait que l'acte constitutif se prononçât. Mais la loi ne doit-elle pas aller plus loin et ne lui faut-il pas, dans l'intérêt même des sociétés à capital variable, régler impérativement toutes ces questions, dire, par exemple, que l'association sera administrée par un gérant, assisté d'un conseil et contrôlé par une commission de surveillance ? Tout cela nous paraîtrait inutile et dangereux.

Le principe qui doit en cette matière guider le législateur est le suivant : l'ordre public exige-t-il que l'on restreigne la liberté des conventions ? Celle-ci doit demeurer entière en règle générale, et le législateur ne doit pas se constituer juge de questions que les parties elles-mêmes trancheront mieux que personne.

POSITIONS

DROIT ROMAIN

1. Dans le premier état du droit romain, les corporations religieuses pouvaient se créer librement comme toutes autres associations.

2. A l'époque classique, les corporations religieuses ne pouvaient pas se créer sans autorisation.

3. Les personnes morales ne pouvaient pas être rendues responsables des conséquences pénales des actes commis par leurs administrateurs.

4. Les corporations ne constituaient pas des personnes incertaines, et leur incapacité en matière d'institution d'héritier ne tenait pas à cette qualité de personnes incertaines.

DROIT CIVIL

1. Lorsqu'une société civile prend l'une des formes établies par les lois commerciales, elle se soumet aux prescriptions de ces dernières.

2. La preuve du contrat de société se fait suivant les règles du droit commun.

3. Les sociétés civiles ne constituent pas des personnes morales.

4. Si la forme de société civile offre de grands

18

avantages aux entreprises coopératives, elle n'est possible que pour quelques-unes d'entre elles.

DROIT COMMERCIAL ET ADMINISTRATIF

1. Toute société civile ou commerciale peut se constituer à capital variable.

2. La loi du 1er décembre 1875 dit que la loi du 29 juin 1872, établissant une taxe sur le revenu des sociétés commerciales, n'est pas applicable aux sociétés dites de coopération. La loi du 1er décembre 1875 n'exempte de cette taxe que les sociétés formées entre ouvriers et artisans.

3. Le législateur de 1867 a entendu établir que la société à capital variable par intérêt pourrait se constituer avec un capital supérieur à 200,000 fr.

4. Lorsque, dans une société à capital variable, on restreint la faculté de retrait, le capital irréductible ne peut être entamé afin de servir des intérêts aux apports des associés, alors même que les statuts qui autorisent ce prélèvement sur le capital n'y assignent aucune limite.

Vu : Lyon, le 16 avril 1886.
Le Président de la thèse,
E. THALLER.

Vu : Lyon, le 17 avril 1886.
Le Doyen de la Faculté,
E. CAILLEMER.

Permis d'imprimer :
Lyon, le 19 avril 1886.
Le Recteur de l'Académie,
Em. CHARLES.

TABLE DES MATIÈRES

DROIT ROMAIN

DROIT FRANÇAIS

INTRODUCTION

Notions générales sur les Sociétés coopératives.   5

Si la société coopérative est une société *sui generis*. Diverses sociétés dites coopératives. Société de production. Autres sociétés coopératives.

PREMIÈRE PARTIE

HISTOIRE DE LA COOPÉRATION

Chapitre 1er.

DES ASSOCIATIONS OUVRIÈRES JUSQU'EN 1863.

Section I. — *Premières associations ouvrières. Leur développement jusqu'en 1848*   13

Origine de l'association ouvrière. Buchez. Les bijoutiers en doré. — De 1834 à 1848

Chapitre 2.

DE LA COOPÉRATION EN EUROPE VERS 1863. DES SOCIÉTÉS
COOPÉRATIVES EN FRANCE DE 1863 A NOS JOURS.

DEUXIÈME PARTIE

DES SOCIÉTÉS COOPÉRATIVES AU POINT DE VUE ÉCONOMIQUE

Chapitre 1ᵉʳ.

PREMIÈRE CLASSE DE SOCIÉTÉS COOPÉRATIVES. SOCIÉTÉS DE PRODUCTION.

TROISIÈME PARTIE

DES SOCIÉTÉS COOPÉRATIVES AU POINT DE VUE JURIDIQUE

Chapitre 1er.

Chapitre 2.

Chapitre 3.

Chapitre 4.

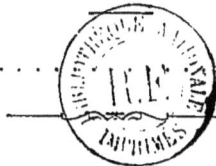

www.ingramcontent.com/pod-product-compliance
Lightning Source LLC
Chambersburg PA
CBHW070303200326
41518CB00010B/1877